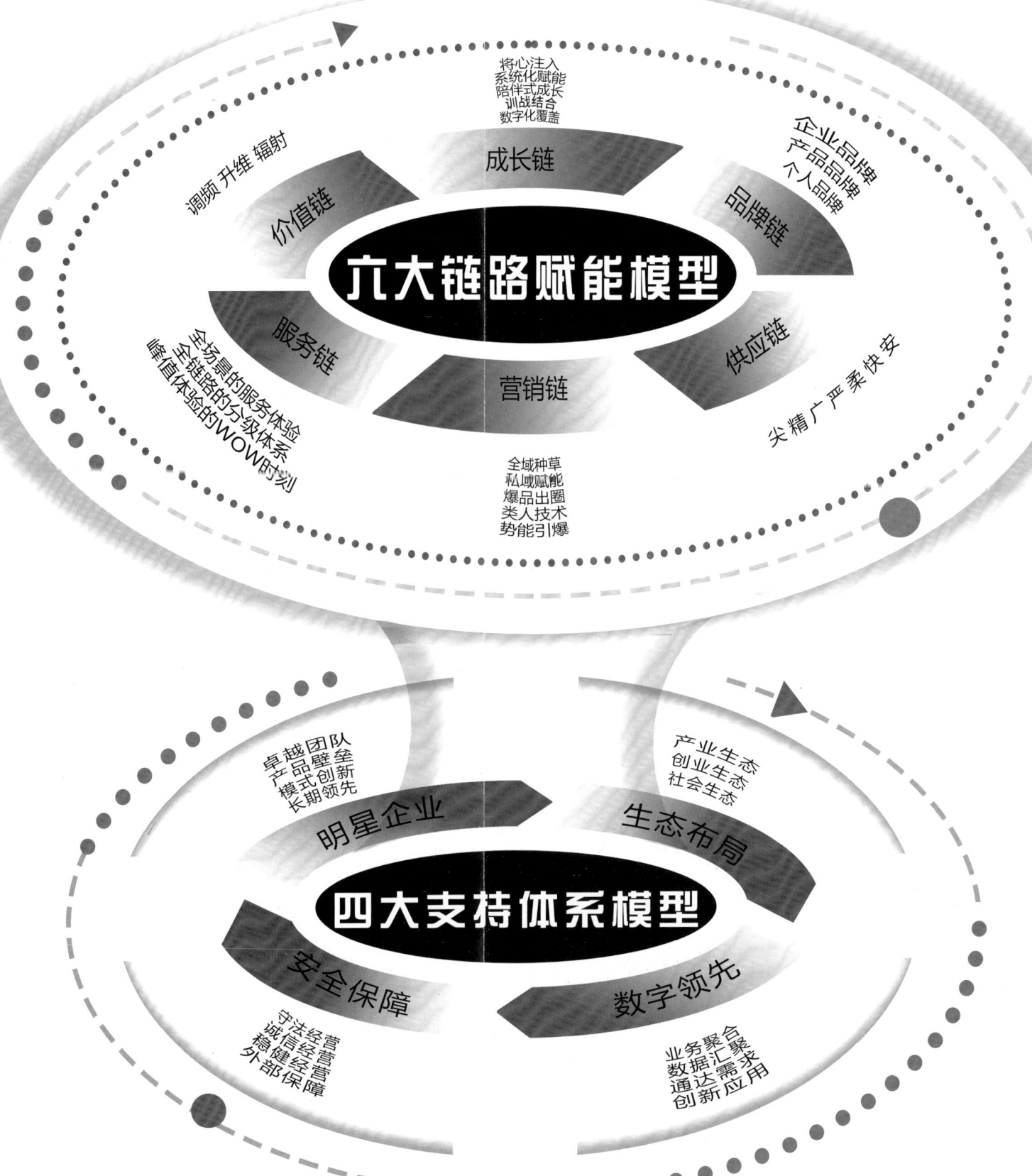

The Rise of
Individual Economy

How to Build an Individual Economy Dream Factory In Yofoto
&
First disclosure of the secrets behind
the rise of super individuals to fame

首次披露超级个体爆红背后的秘密

个人经济体崛起时代

三生如何打造个人经济体梦工厂

黄金宝　王万军

著

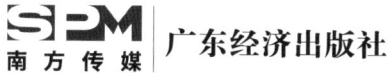

·广州·

图书在版编目（CIP）数据

个人经济体崛起时代 / 黄金宝，王万军著. -- 广州：广东经济出版社，2025.3. -- ISBN 978-7-5454-9465-5

Ⅰ. F014.1

中国国家版本馆CIP数据核字第20244HF588号

责任编辑：刘亚平　曾常熠　李泽琳
责任校对：陈运苗
责任技编：陆俊帆
封面设计：毛文君

个人经济体崛起时代
GEREN JINGJITI JUEQI SHIDAI
出 版 人：刘卫平
出版发行：广东经济出版社（广州市水荫路11号11～12楼）
印　　刷：广东鹏腾宇文化创新有限公司
　　　　　（广东省珠海市高新区唐家湾镇科技九路88号10栋）

开　本：730mm×1020mm　1/16	印　张：15.25
版　次：2025年3月第1版	印　次：2025年3月第1次
书　号：ISBN 978-7-5454-9465-5	字　数：210千字
定　价：68.00元	

发行电话：(020) 87393830
如发现印装质量问题，请与本社联系，本社负责调换
版权所有·侵权必究

名家推荐

**国家发展改革委原副秘书长、著名经济学家
范恒山推荐语：**

　　个人经济体具有鲜明的新时代印记，这种基于科技成就与组织模式创新的经济形态，为创业者提供了十分优厚的社会红利，对典型案例的剖析及成功经验的总结，不仅有利于转换社会就业观念，也能为这种经济形态的拓展、支托、规范和管理提供有益参考。

**麦肯锡前全球董事合伙人
余进推荐语：**

　　数字化技术的发展带来了去中心化，给个体带来更多的独立创业机会，甚至在个体层面成为独立的"经济体"。个人经济体的理论研究通过翔实的案例和对规律的总结，结合对社会发展的深层次洞察，来阐述个体创业的趋势和机遇，有利于改变传统就业观念、缓解就业焦虑，为个体创业者描绘一幅全新的图景。

**德国前总统
克里斯蒂安·武尔夫推荐语：**

　　智能制造可以灵活实现个性化定制，这为个体创业提供了便利，极大地降低了个体创业的边际成本，有可能让个人成为"经济体"。这是一种全球化趋势。

**哥伦比亚前总统
安德烈斯·帕斯特拉纳·阿朗戈推荐语：**

　　各个国家情况不同，但个体创业确实已成为全球性趋势，这可以极大地促进就业。当然，在当今这个数字化时代，个体创业的前景更加广阔。我们希望世界上出现更多的个人经济体。

**2013年度诺贝尔化学奖得主、著名大数据专家
迈克尔·莱维特推荐语：**

　　大数据、人工智能的发展，让个体从原来的手工作坊式工作，变得拥有无限可能，当然，也包括成为个人经济体。

**著名人文财经观察家、秦朔朋友圈创始人
秦朔推荐语：**

　　"个人经济"自古就有，而个人成为"经济体"，则是在现代社会经由全球化、信息化、服务化、IP化、社交化、平台化等助力之后形成的一种新经济与新文化现象。

南京大学社交商务研究中心个人经济体实验室智库专家
暨智库专家科研成果系列丛书编委会编委

漆云兰　国务院发展研究中心市场经济研究所研究员

刘　敏　国家市场监督管理总局原产品质量安全监督管理司巡视员

陈　曦　南京大学社交商务研究中心主任

董伊人　南京大学社交商务研究中心常务副主任

王万军　南京大学社交商务研究中心研究员、

　　　　　南京大学社交商务研究中心个人经济体实验室执行主任

王晓梅　南京大学社交商务研究中心个人经济体实验室副主任

吴　炯　诺贝尔奖获得者医学峰会组委会秘书长

冯常虎　广东经济出版社总编辑

黄金宝　APEC中国工商理事会理事

何亚斌　中国企业国有产权交易机构协会原副秘书长、党委副书记

陈　胜　广东外语外贸大学广东社会组织管理学院副院长

雍　岩　中国人民大学商学院MPAcc教育顾问委员会委员

李高产　武汉大学经济学博士、著名媒体人

薛　峰　全国两会新闻联络员、紫金智库秘书长

自序一

打造个人经济体梦工厂

2024年5月25日，南京大学鼓楼校区科技报告厅二楼。

首届个人经济体学术论坛在这里召开。我作为企业代表，受邀在论坛上做了关于打造个人经济体最佳创业平台的演讲，与来自南京大学、中国国际贸易促进委员会、国家市场监督管理总局，以及国务院发展研究中心的多位领导、专家和教授一起探讨个人经济体对社会的价值。

个人经济体是一种新经济与新文化现象，是个体创业的全新机遇。

世界百年未有之大变局正呼啸而来，深刻改变着每一个领域。新质生产力时代，生产要素的创新性配置给每个人都带来巨大的时代红利，原有的就业和创业模式正在发生深刻改变，个体的力量变得空前强大，个体创业成为这个时代最明显的特征，也成为最具前景的人生选择，个人可以超越企业，成为经济体。

我也是一个创业者，只不过处于不同的时代。经历过当年自己创业的起起落落，我对现在的创业者有一种特殊的情感。

我出生于宁波象山，是农家的孩子。

中国有多个大大小小的商帮，宁波帮是其中之一。宁波简称"甬"，所以宁波帮又称"甬商"。宁波帮以爱创业、敢冒险、能敏锐把握时局和勇于开拓进取

著称。

我创业较早，20世纪90年代，我只有20多岁，烫过衣服、做过皮鞋，也卖过礼品……1997年，我抓住了中国保健品兴起的机遇，掘到了人生的第一桶金。

宁波毗邻上海。尤其是在近代，宁波帮在上海的影响力极大，不但创办了上海规模最大的一家证券交易所、中国第一家信托公司、第一家民间邮局等，而且在银楼业、药材业、成衣业、海味业和保险业等领域也取得显著成就。

受虞洽卿等甬商前辈的影响，我在1994年也投身到开发浦东的浪潮中，去上海创业，但却因投资失误，亏光了所有积蓄。

当时窘迫到什么程度？最落魄的时候，我只剩下两毛钱，不够我坐一趟公交车，只能选择步行。13站的路程，我走了足足三个小时，从十六铺码头走到东方路上的蓝村路。

这个"两毛钱的故事"在我的《尊重的力量》一书中有详细记录。

《尊重的力量》一书中记录了这"两毛钱"激发了我对"自尊敬人"的理解，而今天，我想通过这"两毛钱"讲讲我对"惠人达己"的理解——我为什么要打造个人经济体赋能系统，为什么要创办个人经济体创业平台，以及为什么要写这本书。

"两毛钱的故事"经常会让我想起我在上海创业陷入困顿时渴望援助的心情。那个时候创业，没有人来指导，也没有可以参考的经验，更没有像现在这么多的培训机构、创业导师和网上课程，全靠自己摸索，就像在黑夜里行走，步步惊心。尤其是当我陷入困境时，那种对援助的渴望，以及失败后产生的忧虑，到现在都记忆犹新。

老实说，我那时欠下的"窟窿"并不大，假如有人施以小小的援手，我就能够起死回生。但人生没有"假如"，我还是亏光了。

自序一

1996年底，我回到家乡宁波，为了重整旗鼓，我把原来的富士达商贸公司改名为雄风企业总公司，做起了健康产品渠道的品牌公司。2001年中国加入世贸组织（WTO）后，政府承诺三年内要为直销立法。就这样，我抓住了打造最佳创业平台的机会，创办了三生（中国）健康产业有限公司（简称"三生"）。

今年，三生进入下一个20年，我又提出了三生要打造个人经济体梦工厂的目标。

为什么要这么做？

原因很简单，我也是一名创业者。

我非常理解创业者的需要，我更尊重创业者。

我永远记得自己独自探索的那段时光，也记得当时求助无望的痛苦。我觉得，我有能力的时候，就应该尽我所能去帮助这些创业者，让他们不再有我曾经那样的无助。

在三生的前20年，我提出搭建个人最佳创业平台，帮助千千万万的人在平台上创业。我和公司各部门不遗余力地帮助他们，不断总结经验，形成赋能系统。正是在三生平台的帮助下，许多人得到成长，更获得了成功。每当看到他们站在领奖台上，我就由衷地感到高兴。

正是三生不断地为这些创业者赋能，才使得越来越多的人才在三生平台上取得了成功。

而他们的成功，也反过来推动了三生的长足发展，使三生成为大健康产业的"中国品牌"。

这就是"惠人达己"理念最好的注解：在帮助他人成功的同时，也成就了自己。

"惠人达己"是一个蕴含深刻哲理的词，意味着通过惠及他人来成就自己。这种理念强调，只有给别人带来好处，才能实现自己的价值。

三生正在进入下一个20年，意味着它要承担更大的社会责任。

社会步入了个人经济体时代，个体创业更加普遍，也面临着更大的机遇和挑战。

个人经济体时代，就业创业模式正在从"找封闭的单位去上班"向"找开放的平台去创业"转变。这些人更需要平台，更需要赋能系统。我不希望看到他们像我当年创业一样陷入困顿。

有鉴于此，我们三生将"个体创业平台"升级为"个人经济体梦工厂"，建立了符合个人经济体赋能需要的体系。这也是我们对创业者尊重的升级，更是对创业者赋能的升级。

经过20年的积累和探索，三生已具备打造个人经济体成长平台的很多优势：三生的基础建设、产品规划、生产经营、市场运营和服务体系都较为完备；三生全力构建的健康科技智慧事业平台，将为合作伙伴提供平台赋能、技术支持、优质产品，全面支持合作伙伴成为新经济时代的个人经济体。

作为赋能平台，我们需要为创业者提供更高维度的赋能系统，我们不但要给三生平台上的个人经济体赋能，还应该将三生的经验分享给社会，让更多的创业者受益。

这才是真正的惠人达己。

2023年3月，我的老朋友王万军先生来三生做客，他正在做个人经济体的理论研究，并在南京大学成立了个人经济体实验室，打造"数字蜂巢个人经济体平台赋能模型"。那次见面，我们相聊甚欢，对个人经济体的发展趋势、促进就业创业的社会意义、如何推动经济发展等有特别多的共识。

他正在找企业实战案例做研究，我也正需要懂我的人来帮我们总结。12年前，他和我合作出版了《尊重的力量》这本书，解读了我的许多人生经历和思考，他和我有一种心意相通的感觉。

自序一

于是，我们决定一起研究平台如何赋能个人经济体，并以三生为案例，研发出平台赋能的实战模型。

经过一年多的研讨，在南京大学社交商务研究中心个人经济体实验室的支持下，我们终于合作推出了《个人经济体崛起时代》这本书，并以南京大学社交商务研究中心个人经济体实验室"数字蜂巢个人经济体平台赋能模型"为基础，研讨出了独具三生特色的四大支持体系和六大赋能链路的赋能模式。

这个平台赋能模式，结合发展新质生产力的时代背景、社交商业的底层逻辑、市场实战20年经验积累、个人经济体发展需求等各方面要素，经过市场的检验，取得了良好的效果。

为了帮助更多的创业者，我们毫无保留地贡献了三生历时20年对创业者赋能的经验与思考，并结合抖音、快手等知名创业平台的实践，针对个人经济体时代新的需要，做了许多前瞻性的探索。

我愿意把这些经验分享出来，去帮助更多的人，造福更多的创业者。

个人经济体是这个大时代赋予老百姓的巨大的时代红利，我们希望看到更多的人能够洞察这个时代红利的底层逻辑，能够抓住时代红利，找到理想的个人经济体赋能平台，成为各个领域的个人经济体。

在这个伟大的时代，平台经济的发展给每个人创造了平等的创业机会，并且个人以极低的边际成本就可以组织社会化生产活动，让创业变得没有边界。

王万军曾在南方日报集团任职，后来转行成为社交商业战略顾问，对我们这个行业有着深刻的了解。当时，我们都特别喜欢南方日报集团旗下的《南方周末》。有一天，他向我提及他受《南方周末》1999年新年献词启发，提出"让无力者有力，让有力者前行"，并认为这句话与个人经济体赋能的理念非常契合。我听后深感认同，并有感而发，建议再加上一句"让前行者更行"。

任何国家、任何时代，永远会有不同阶层的人们。

无力者，是指缺乏学历、技能，甚至连获取生活来源都有困难的人，或者是处在迷茫困顿、贫困失业、就业和创业无助阶段的人。个人经济体可以让他们找到希望，这套赋能系统可以让他们找到力量——让无力者有力。

有力者，是指有一定能力，只是暂时性迷茫，或者已经走在创业路上，但缺乏动力或帮助的人，比如大学生、有一定工作技能的失业者等。个人经济体可以提振他们创业的激情、激发他们创业的梦想，这套赋能系统可以帮他们更好地创业——让有力者前行。

前行者，是指已经做得不错，但还有更高追求的那些创业者，所以加了句"让前行者更行"。个人经济体模式，以及这本书所披露的赋能系统，可以让他们更有信心，更有信念，做得更好！

在创造就业机会、创造社会财富、创造社会价值方面，平台应更加积极，也应承担更大的社会责任。我们希望与社会各界一道，共同推动个人经济体的发展，让更多的人做受人尊重的事，成为受人尊重的人。

三生永远是一家以梦想、使命、价值观为驱动的公司，我们存在的价值和意义就是为了让世界变得更加美好！

黄金宝

三生（中国）健康产业有限公司董事长

APEC中国工商理事会理事

中华慈善总会永久理事

2024年9月1日于宁波

自序二 Preface

让创业更简单

2024年6月22日，东莞樟木头镇观音山国家森林公园，中国县域经济发展大会2024暨《中国县域经济发展报告》首发式在这里举办。

我参加这次会议，是应国家发展改革委宏观经济研究院常修泽教授（他是这次会议的顾问和专家组成员）邀请，同时也是想去探讨个人经济体在县域经济领域的应用。

常修泽先生德高望重，是中国改革理论研究的泰斗级经济学家。他提出的现代产权管理制度推动了中国现代产权制度改革，他提出的"使用权也是产权"，为农村土地流转提供了理论依据。

他邀请我，是因为觉得我提出的"个人经济体"理论与他早年提出的"无限制的新人"有一定的渊源。他在1998年撰写的《二十一世纪初期中国企业创新探讨》一文中，对"无限制的新人"进行了全面阐述。

当时有欧美学者提出，伴随着信息经济的推进，一代"新人"（Cosmic Capitalists，新华社译为"无限制资本家"）开始出现，他们是"新的技术力量创造出来的新人"。常教授认为，未来中国企业创新活动主体的个性化趋势会越来越明显，也会出现"无限制的新人"。

如果说常教授对"无限制的新人"作了趋势预测，那么我在2023年1月1日出版的《个人经济体：如何抓住时代红利，成就个人财富人生》一书，则是对个人在新时期的发展所作的洞察，并提出了个人经济体系统理论。

《个人经济体：如何抓住时代红利，成就个人财富人生》详细解构了罗永浩、罗振宇、樊登、耶格及号称"宇宙第一博主"的琪亚拉·法拉格尼（Chiara Ferragni）的成功方程式，并提出他们不再是传统的"个体创业者""超级IP""超级个体"，而是可以超越传统意义上的企业家，具有"经济体"的属性，应该称为"个人经济体"。

所谓的"个人经济体"，就是指在数字经济时代，个体通过平台资源，通过组织的去中心化，以个人为中心组织生产活动，创造经济价值的一种经济组织形式。

这确实与常教授的"无限制的新人"有着深厚联系，但新华社将其翻译为"无限制资本家"，在表达上更贴近"个人经济体"的核心理念。

常教授所说的"新技术革命"，如今正变得愈加真实和丰富。

物联网、大数据、算法、人工智能（AI）、数字孪生等新技术革命，让人类进入了协同共享社会，生产资料的所有权和使用权越来越分离，使用权越来越多地被配置到公域平台上，个人通过链接，以极低的边际成本甚至零边际成本，就可以平等、自由地获得这些生产资料的使用权，这让个人组织社会化生产活动成为可能。

而之前，组织社会化生产活动只有依赖金融资本建立的大企业才能做到。

这让社会进入一个新的时代——个人经济体时代。我在很多场合的演讲中，都将"个人经济体时代"注解为"个体组织社会化生产活动时代"。

这是这个时代最大的红利。

国家发展改革委原副秘书长、著名经济学家范恒山在评价个人经济体时认为，个人经济体为创业者提供了巨大的时代红利，有利于改变社会的就业和创业观念。

"个人经济体"确实是就业和创业的第三种选择，是一种就业和创业的新范式。

但时代的红利应当是每个人都能平等享有的，而不只属于精英们。

《个人经济体：如何抓住时代红利，成就个人财富人生》一书中提到的个人经济体都是时代的精英，普通人无法复制。那么，普通人如何平等地享受到个人经济体时代的红利，从而走向个人经济体之路呢？这就是我要寻找的钥匙，也是这本书要解答的问题。

毕竟，任何个人经济体都是由小到大成长起来的，像郭有才那样一夜爆红的是少数。

尚品宅配和三生给了我启发。

知名全屋家居定制企业尚品宅配为了提高成交率，会雇用设计师设计样板间供顾客挑选，但随着业务的扩大和个性化需求的提高，雇用的设计师人数不可能无限制地扩大。得益于协同共享时代的红利，尚品宅配把设计板块开放成了设计师创作的平台，设计师可以向平台递交作品，也可以上去领用任务，设计作品一旦被采用，便可获得收入。

为了提高设计师的积极性和创作水平，尚品宅配还经常举办线上线下的讲座、培训、沙龙，甚至请国外的知名设计师和创作者们互动，让他们了解世界潮流设计，并增进彼此的了解，形成某种程度的组织归属感。

事实上，尚品宅配不但把业务板块打造成了创业平台，还提供了一套赋能系统，让普通设计师非常容易获得创业机会并得到成长，同时拥有良好的心理体验。

尚品宅配开放设计板块就是让普通人享受时代红利的一种方式。

平台就是我要找的钥匙。

个体就业和创业新方向，就是从原来的找单位上班转向找平台创业。

不管是董宇辉、罗永浩带货，还是罗振宇、樊登进行知识付费分享，他们都依托于平台——抖音、快手、视频号，甚至微信群。这些平台才是他们成功的关键。

企业在这个时代也越来越平台化。

越来越多的企业由原来的雇佣制转变为合伙制，其实就是将企业平台化，吸引合伙人就是吸引创业者。而创业者愿不愿意进驻，取决于平台能够提供哪些赋能帮助创业者成功。

未来，企业的竞争就是平台与平台的竞争；

平台与平台的竞争就是吸纳创业者能力的竞争；

吸纳创业者能力的竞争就是平台赋能创业者的实力的竞争。

我要寻找的，更偏向于让普通人可以平等享受时代红利的平台赋能模式，让人人都可以成为个人经济体。我们这个社会需要精英们创业成功，但更需要给普通人机会。

我曾在世纪之交供职于南方日报集团，我们习惯称其为289大院。那里一度是人们心目中的理想之地。大院关注普通人命运的文化成了我们那一代从289大院出来的人内心磨灭不了的情结。受《南方周末》1999年新年献词启发，有一天我的脑海中忽然迸发出一句话——"让无力者有力，让有力者前行"。多少年过去，每当大家聚会，酒酣耳热之际，仍不免要提及这句话，每当谈及，总有一种"阳光打在你的脸上，温暖在我心里"的感觉。

面对个人经济体时代的红利，是否有一种赋能模式，能够实现"让无力者有力，让有力者前行"？

三生给了我研究样本。

这家位于宁波的企业，全称为三生（中国）健康产业有限公司，由黄金宝先生创办，今年刚好成立20周年。黄金宝，这位出生于宁波象山的企业家，有典型的甬商风格，低调、稳健又富有开创精神。早在2012年，我们就一起合作出版了《尊重的力量》一书。这是一本讲述"尊重"文化的书，也诠释了三生的企业文化"自尊敬人，惠人达己"的智慧。

我在寻找钥匙，黄金宝董事长也在寻找钥匙。2024年正好是三生下一个20年的开局之年，这位甬商正在思考如何让三生这家创业平台升维。

这可谓瞌睡遇上了枕头。我需要平台实战案例来做研究，黄金宝董事长需要理论来支撑三生的战略升维。于是，双方决定开展第二本书的合作，不但满足三生战略升维的需要，更满足个体创业的需要，希望给创业者提供一种选择平台的指引，也希望帮助更多企业转型或升级个人经济体赋能系统，让普通人有更多的就业和创业的机会，让有才华的人尽情绽放。

这就是这本书的使命——让无力者有力，让有力者前行，让前行者更行。

此前，我在南京大学社交商务研究中心成立了个人经济体实验室，便请实验室智库专家和三生运营总裁孙鹏博先生上阵，一起研究如何让普通人抓住时代红利，成为个人经济体。

经过长时间的研讨和推演后，我们找到了"让创业更简单"的钥匙。

董宇辉、罗振宇那种精英式的成功模式普通人无法复制，那么"让创业更简单"的模式，普通人一定能够复制。

如何才能"让创业更简单"？

听话照做就能成功的模式才是最简单的。

这就需要模型，需要系统化的模型。唯有模型才易看懂，唯有系统才能复制。

于是，在研究三生、抖音、快手等各大创业平台，以及华为、微软、山姆会

员商店等世界名企的基础上，我们根据它们的共性，研发出了"让创业更简单"的"数字蜂巢个人经济体平台赋能模型"——失败的原因各不相同，成功的法则却相同。

为了方便阅读和理解，我们不但采取了讲案例故事的方式，而且将各要素浓缩成图形模型，"让阅读更简单""让理解更简单"。

这本书不是用来读的，而是用来讲的。我们希望读者在掌握内容后，还能将内容复制给更多的人，以此来感召更多的同路人。

《个人经济体崛起时代》一书共分为四章。

第一章主要讲选择趋势。

本章给创业者阐述个人经济体时代的红利机遇和个人经济体发展趋势，让创业者转变就业和创业的观念，将心注入，走上个人经济体发展之路。

第二章主要讲选择平台。

哪有什么岁月静好，不过是有人替你负重前行；能力再好，不如平台好。

创业的路上没有孤岛，创业者一定要选择一家创业平台才能发力。

让创业更简单，最重要的是如何选择基本面。平台就是基本面。

创业没有一蹴而就的，而是要与时间做朋友，选平台选的是平台的未来增长性和安全性。这得益于巴菲特的智慧——选股票就是选公司。这一章利用巴菲特选股原理，建立了平台的"四大支持体系"，分别是明星企业、生态布局、数字领先、安全保障。

第三章主要讲选择赋能系统。

如果说平台是静态的赋能，提供的是基本面的保障，那么平台赋能系统就是动态的赋能，不管你是小白还是大咖，这套赋能系统都能如影随形地为你提供创业帮助，甚至你只要听话照做，复制就能成为个人经济体。

这是数字蜂巢模型的核心。通过价值链、成长链、品牌链、供应链、营销链、服务链六大赋能链路，真正实现"让创业更简单"。

第四章主要讲选择未来。

我们见惯了那些现象级的个人经济体的辉煌，普通人如何成为个人经济体却鲜有人关注。这一章特意甄选了几位普通人借助"数字蜂巢个人经济体平台赋能模型"，从平凡走向不凡，成为卓越的个人经济体的案例。他们创业成功的经验和智慧，是每一个普通人成为个人经济体的榜样，让每一个人都可以期许美好的未来。

这是一个平台化生存的时代，更大的平台则是这个时代。"没有马云的时代，只有时代的马云。"在新质生产力时代，我们可能无法参与技术革命性突破和产业深度转型升级，但每个普通人都可以借助生产要素创新性配置的时代红利，躬身入局，借助卓越的个人经济体创业平台和平台的赋能系统，成为个人经济体。

这是个人经济体的时代，更是普通人面临巨大时代红利的时代，是个体组织社会化生产活动的时代。在这个大时代，我们希望有更多的人成为卓越的个人经济体，更希望有更多的普通人成为个人经济体。

时代的红利对于每个人都是平等的，时代精英能够成功，普通人也有能够成功的平等机会。

这是一本理论与实战结合的个人创业宝典，首次披露了超级个体爆红背后的秘密；运用了翔实的平台调研，进行了缜密的模型推理，提供了详尽的实战指引，希望给创业者们带来更多的帮助。

我们的目标是：

让无力者有力，

让有力者前行，

让前行者更行。

王万军

南京大学社交商务研究中心个人经济体实验室执行主任

2024年8月1日于广州

目 录

第一章 趋势篇：个人经济体时代与平台化生存 / 001

第一节　演变轨迹：人类经济角色简史 / 002

第二节　个人潮汐：震惊世界的"霉霉经济学" / 006

第三节　中国机遇：现象级的个人经济体 / 010

第四节　时代红利：新质生产力下的个体新动能 / 016

第五节　平台化生存：浪潮之巅的创业新图景 / 021

第六节　新经济物种：到底什么是个人经济体 / 024

第七节　价值愿景：新就业形态先行者 / 028

第八节　托举力量：个人经济体与平台的双向奔赴 / 035

第二章 ‖ 平台篇：四大支持体系 / 041

第一节　明星企业：选对基本盘 / 042

第二节　生态布局：卡好生态位 / 049

第三节　数字领先：抢占制高点 / 058

第四节　安全保障：守住发展线 / 068

第三章 ‖ 赋能篇：六大赋能链路 / 079

第一节　价值链定成败 / 080

第二节　成长链定输赢 / 086

第三节　品牌链定强弱 / 097

第四节　供应链定生死 / 111

第五节　营销链定大小 / 124

第六节　服务链定优劣 / 131

第四章 ‖ 先锋力量：做中国版的"霉霉" / 139

    伍斌：拉风男人的"普通人"智慧 / 140

    "筑梦者"苏滨：你未来的样子 / 151

    "奋斗者"黄春荣：实现阶层跃迁 / 161

    龙金红：复制即可逆袭 / 169

    刘建沣："85后"的创业自由 / 178

    张秀峰：从"自尊敬人"到"惠人达己" / 187

附　录 ‖ 数字经济时代的个人经济体 / 197

后　记 ‖ 网红的阶层固化与普通人的个人经济体机会 / 214

第一章

趋势篇：
个人经济体时代与平台化生存

现在，人类站在了个体组织社会化生产活动的风口。新质生产力时代，社会结构已经从"单位+员工"模式转变为"平台+个体"模式，生产要素的创新性配置，让个人可以以极低的边际成本获得生产资料的使用权，并且变得没有边界。这才是这个时代红利的底层逻辑。就业和创业进入新范式，人们在平台上创业，借助平台赋能系统，从"个体"崛起为"个人经济体"，创业无边界，创业更简单。

第一节

演变轨迹：人类经济角色简史

> 人类已进入个体组织社会化生产活动时代。

历史长河中，人类经济活动的角色演变，如同一幅波澜壮阔的画卷，缓缓展开在每一个时代的风口浪尖。

经济活动始终是推动历史车轮滚滚向前的重要力量，而人类在这一过程中的角色，也随着技术革命与社会结构的演变不断重塑。 从原始社会的简单交换，到现代社会的复杂经济体系，人类的身份与职能经历了从生存狩猎者到产消者再到社会化生产活动组织者的深刻转变。

原始社会，经济活动主要围绕狩猎采集展开。人类作为自然的直接依赖者，扮演着狩猎者的角色，通过群体合作获取生活必需品，经济活动简单又直接，满足基本生活需求就可以了。

随着农业革命的到来，人类开始定居，从事耕作与畜牧，经济活动逐渐复杂，出现了分工与专业化角色，人类社会开始步入农耕文明。此时，个体不仅是生产者也是消费者，但生产角色和消费角色相对分离，经济活动更多地遵循着自给自足的原则。

第一章 趋势篇：个人经济体时代与平台化生存

工业革命的到来，标志着人类经济活动的重大飞跃，人类开始大量参与到工厂化生产中，成为工业化大生产链条上的一环。

这一时期，生产、消费进一步分离，市场成为连接两者的桥梁，经济活动以追求效率、利润最大化为目标。人作为生产者、消费者的角色越来越割裂。

然而，进入21世纪，互联网大潮的兴起彻底改变了这一格局——"产消者"（Prosumer）成为时代的产物。

著名未来学家阿尔文·托夫勒（Alvin Toffler）1980年出版的《第三次浪潮》一书中首次提出了"产消者"的概念。互联网技术的普及，使个体能同时扮演生产者、消费者双重角色，信息与资源的共享成为可能，经济活动呈现出前所未有的互动性与个性化。

人们不仅仅是产品或服务的接受者，更是内容的创造者与分享者。产消合一成为新时代的重要特征。

最为直观且广为人知的一个例证，就是维基百科。人们在使用维基百科时是消费者，而当他们编辑和更新词条时，则成为内容生产者。

在新能源领域，产消者的概念更被广泛使用，典型的就是分布式光伏发电，人们既是电的消费者，又是电的生产者。

当然，产消者也有个被动的地方，那就是"被动参与生产"。不管是生产维基百科内容还是生产电力，生产的标准、流程已被组织者先行制定，个人无法更改。例如，你不能按照自己的喜好去编纂维基百科的内容，也不可能随意更改电压的标准。

突破这一限制，自主地组织社会化生产活动，成为人们的渴望。随着生产力的进步，人们的渴望终于变成了现实。

当物联网、人工智能、大数据、算法等新兴技术日益成熟并广泛应用于社会生

产生活的各个方面时，人类社会逐步迈入一个全新的协同共享时代。在这个阶段，个体终于跃迁为"社会化生产活动组织者"，其角色重要性更加凸显。

通过智能平台与数据分析，人类能以前所未有的精度与效率协调资源分配，优化生产流程，实现跨地域、跨行业的深度合作。

此时，个体与集体之间的界限变得模糊，共创共享成为经济活动的新常态。人们不仅参与生产、消费，更成为促进可持续发展、构建公平包容社会的关键力量。

最典型的例子莫过于那些大主播，有些主播直播一天就能创造几十亿元销售额。

更重要的是，这些主播往往扮演着"社会化生产活动组织者"的角色。比如一个服装主播，他的工作流程往往是这样的：对下一个季度流行的款式、面料等进行市场调研，寻找设计师进行设计，联系生产厂家进行生产；营销作为自身强项，一般由主播自己带领小伙伴们执行；通过直播将服装销售出去后，物流和售后服务同样交由第三方完成。

可以想想，如果在过去，要完成整个链条、达到几十亿元销售额需要付出多少人力、物力、财力，但现在，一个大主播带着一些助手就能做到。

这就是这个时代最大的红利——个人理论上可以无边界地使用平台资源，凭借自己的影响力和能力去组织社会化生产活动，从而让自己从传统的个体户演变成一个人的经济组织，甚至可以超越企业，具有"经济体"的属性，也就是成为"个人经济体"。

这是社会生产力演变带来的结果。

从原始社会的产消一体到农耕时代的自给自足，再到工业社会的生产者与消费者的高度分离，直至互联网时代的产消合一，都是生产力进步对社会结构的深远影响，人类的经济角色经历了从简单到复杂、从被动到主动、从单一到多元的深刻变迁。

这种角色变迁,不仅反映了技术进步对社会结构的深刻影响,也预示着未来社会发展的无限可能。在社会生产力不断演进的过程中,人类持续探索着更加高效、和谐、可持续的经济共生模式,个体的力量变得越来越强大。

这一历程,不仅是人类经济活动的演进史,更是人类文明进步的光辉篇章。

第二节

个人潮汐：震惊世界的"霉霉经济学"

> 如果把霉霉当作经济体，那么，她的经济规模将超过50个小国家。
> ——全球顶尖数据分析机构Question Pro 总裁 丹·弗利特伍德

2024年6月，英国地质调查局（BGS）的官员们惊出一身冷汗。

当时，泰勒·斯威夫特（被中国歌迷称为"霉霉"）在英国爱丁堡举办演唱会，在距离演出场地近四英里（1英里≈1.61千米）的地方引发了地震仪器显示读数。

后来才知道，这场"小型地震"是由全场歌迷或粉丝们一致的踏拍节奏引发的。

演出中有一项活动，主要是让歌迷或粉丝随着音乐跳舞，在霉霉喊出"准备好了吗"之后，人群开始集体舞蹈。这制造出大约80千瓦的电力，英国地质调查局（BGS）在一份报告中写道，这"相当于6000个汽车电池的电量"。

而据英国巴克莱银行的研究，霉霉的巡回演唱会对英国的财政刺激也将是地震般的，预计她将为英国增加约10亿英镑（按照当时汇率，约合92亿元人民币）的收入。

第一章 趋势篇：个人经济体时代与平台化生存

英国爱丁堡市议会领袖卡米·戴伊（Cammy Day）直言，"这还将进一步提升我们爱丁堡作为一个生活、工作、旅游胜地和历史文化名城的全球声誉"。

这种对经济的刺激已在新加坡等地提前上演。

彭博社（Bloomberg News）报道称，2024年3月，美国歌手霉霉的第六次全球巡演"时代巡回演唱会"在新加坡站爆火之后，经济学家上调了新加坡2024年第一季度GDP（国内生产总值）的增长预测。3月2日到3月9日，霉霉已经在该国演出了六场。报道还说，新加坡2024年第一季度的GDP"可能会增长2.9%"。报道表示，演唱会将促使新加坡2024年第一季度的GDP增加约3亿至4亿新元，或20个基点。

在此前的2024年春节，与新加坡一海之隔的日本也被这位世界巨星拉进了疯狂漩涡。2月7日到2月10日，霉霉的"时代巡回演唱会"在东京巨蛋体育馆举行。

"她可能在短短4天内，凭一己之力提振了日本经济。"美国有线电视新闻网如此报道。东京城市大学兼职讲师江藤表示，霉霉的演唱会预计给日本带来高达341亿日元（按照当时汇率，约合16.5亿元人民币）的收入，这一数字甚至不包括外国粉丝带来的影响。

实际上，**霉霉不仅拉动了日本的经济，更凭一己之力拉动了世界第一大经济体美国的经济**。

霉霉的第六次全球巡演"时代巡回演唱会"于2023年3月17日启动，计划在全球举办151场，持续到2024年底。霉霉在美国举办了52场演唱会，所到之处酒店爆满、消费数据强劲，就连临时工作岗位都出现大量短缺。

这一系列经济效应，也被美国媒体称为"霉霉经济学"。

在2023年6月就有权威报告估计，霉霉的"时代巡回演唱会"对美国经济的影响可能高达50亿美元（按照当时汇率，约合359亿元人民币）。当时，霉霉在美国的巡演场次刚过半。

007

同年10月，美国旅游协会在一份报告中指出，50亿美元这个数字还是保守了。该机构估计，如果算上巡演的上下游产业和粉丝线上消费，霉霉演唱会的总的经济影响可能超过100亿美元（按照当时汇率，约合718亿元人民币）。

加州就业与经济中心称，霉霉在洛杉矶的6场演唱会让餐饮、零售、安保行业新增了3300个就业岗位，带动了3.2亿美元经济效益。一些较小的城市如辛辛那提，也因为举办霉霉演唱会而迎来市中心酒店入住率达98%、酒店业收入同比翻倍的惊喜。

"这不仅是个有关音乐或品牌的故事，霉霉正在开创一种经济模式。"美国金融咨询公司Betterment的行为金融和投资副总裁伊根表示，霉霉巡演为所经城市带来难得的现金流，使得政府有钱维护公共设施，企业能雇用更多员工，最终提振了整体消费。

这恰恰是美国经济政策制定者们最希望看到的情况，此前拜登政府的多轮万亿级经济刺激计划也没能明显地提振消费，"霉霉经济学"却做到了。

每个写在"时代巡回演唱会"日程表上的城市，都惊讶于"霉霉经济学"的威力。

"霉霉经济学"的效应已在全球得到广泛认可，不仅举办城市主动提供便利迎接霉霉的粉丝们来消费，就连没有安排巡演的城市和国家也纷纷邀请霉霉加演。智利总统博里奇、加拿大总理特鲁多等国家领导人，甚至亲自在社交媒体上邀请霉霉将巡演带到他们的国家。

霉霉在提振城市经济或区域经济的同时，也让她的个人财富暴涨。

据彭博社分析，霉霉在2023年10月下旬的净资产就已经达到11亿美元（按照当时汇率，约合79亿元人民币）。而据《华盛顿邮报》报道，霉霉2023年的"时代巡回演唱会"仅在北美的门票收入就能达到22亿美元（按照当时汇率，约合158亿元人民币）。等到2024年底巡演结束，霉霉将获得高达41亿美元的收入。

第一章　趋势篇：个人经济体时代与平台化生存

霉霉是少数几个几乎完全靠音乐和表演成为10亿美元富豪的人。巨大的影响力让她力压OpenAI创始人兼CEO（首席执行官）山姆·奥特曼，当选《时代》杂志2023年"年度人物"，成为第一位单人荣获"年度人物"称号的艺人。

《时代》杂志在评选声明中表示，霉霉是"一位全球现象级人物"——这种现象级，不仅仅是她的音乐引发的现象，也是她作为宇宙第一"个人经济体"引发的经济现象。

"如果把霉霉当作经济体，那么，她的经济规模将超过50个小国家"，全球顶尖数据分析机构Question Pro总裁丹·弗利特伍德将霉霉"个人"称为"经济体"的评价，也被全球各大媒体疯狂引用。

这是国际上首次将"个人"视为"经济体"的观点，意味着"个人经济体"正式进入国际话语体系。

第三节

中国机遇：现象级的个人经济体

借助时代红利及强大的赋能平台，中国的个人经济体正在迅速崛起。

霉霉这种现象级个人经济体在中国其实早已广泛存在——这成为当下国人就业和创业的新机遇。

当霉霉在全球巡演动辄带活一个国家的时候，山东一位寂寂无闻的烧烤摊摊主郭有才，也以一己之力带活了一座城。

山东菏泽的郭有才（原名郭壮），1999年出生于一个普通农村家庭，13岁辍学后踏入社会，曾修过电动车，在洗浴中心做过前台，还摆过地摊。

2024年5月9日，郭有才翻唱《诺言》爆火，粉丝数快速增长。5月19日，他的粉丝数已经突破1000万大关，平均每秒新增粉丝1000人。与此同时，郭有才的财富也随之暴涨，直播间"飞机""游艇""火箭"等各种打赏一个接一个，一天动辄有700万～800万元的打赏，扣除平台及税费后，每天收益几百万元。

郭有才的价值远不止直播打赏这么简单，大家对他更关注的是"一个人带活一座城"。

菏泽，古称曹州，山东省下辖地级市，位于山东省西南部，之前就是一座普通

的内地城市。郭有才出圈之后，菏泽名声大噪。更重要的是，因为对郭有才的喜爱，全国各地的粉丝蜂拥而至，带动了当地的交通、旅游、住宿、餐饮、文化娱乐等产业的发展，甚至一度让菏泽烧烤文化的风头盖过了2023年大热的淄博烧烤。

郭有才随后也开始了全国巡演，每到一地都引发粉丝们的狂热追捧。

他的经历向世人展示了一个道理：在这个时代，一个普通人只要有梦想，只要足够努力，抓住现在的平台机会，就能实现逆袭，甚至成就非凡人生。

董宇辉是成就非凡人生的另一个典型案例。

董宇辉1993年出生于陕西省渭南市潼关县，2015年毕业于西安外国语大学旅游学院英语（旅游）专业，后加入西安的新东方培训机构，成为一名优秀的英语老师。2021年国家实施"双减"政策，新东方的部分人员转型做电商直播，董宇辉也成为东方甄选的农产品主播。

2022年6月9日，董宇辉以双语直播、吟诗作赋和"段子鸡汤"等独特的风格走红网络，双语直播带货牛排的视频刷屏各大平台，从此一发不可收，被赞誉以一己之力挽救了上市公司新东方。因他未婚，女性买家戏称自己是"丈母娘"，对他的喜爱之情溢于言表。

"小作文"事件以后，董宇辉离开了东方甄选，并成立与辉同行直播间。2024年1月9日，与辉同行首播GMV高达1.6亿元，涨粉超270万，观看人次超5400万；截至2024年8月8日，与辉同行账号的粉丝数超过2230万，董宇辉个人账号粉丝数超过2691万。

随后，董宇辉更是人气飙升，成为中国"新带货王"，连周鸿祎、冯仑等商界大佬都组团去向他学习。

郭有才、董宇辉的成功只是一个缩影。千万不要以为个人经济体要么是网红要么是主播，其实在各行各业，个人经济体都普遍存在。

董宇辉的爆红，源于其渊博的学识。在个人经济体时代，一部分有学识的人找到了自己的春天。

樊登，前央视节目主持人。开始时，他凭借卓越的学识和口才在微信群里讲书，结果备受欢迎，于是辞职做起了专职讲书人。2013年，他发起樊登读书会，通过樊登读书App（后改名为"帆书"），以"帮助3亿国人养成阅读习惯"为使命，迅速在国内打响名声。

通过大量分会、会员及强大的矩阵号，樊登一度成为抖音上"最赚钱的男人"，据称三年赚了30亿元，成了名副其实的个人经济体。

罗振宇同样是从央视走出来的个人经济体。这位前央视制片人，口才卓越。他差不多与樊登同期创业，创办了《罗辑思维》，凭借每天60秒讲书迅速走红。作为中国最早做私域运营的产品之一，《罗辑思维》迅速建立起庞大的社群。

因为罗振宇会选书并且善于把书的精髓用60秒讲出来，许多粉丝喜欢跟着他一起阅读，罗振宇就给粉丝们开出书单。这就是著名的"罗辑思维书单"的由来。这应该是网红带货最早的形式。

尽管《罗辑思维》在2022年12月22日其成立十周年那天停更，但罗振宇的跨年演讲依然是知识分享领域每年一度的重头戏。

罗振宇的跨年演讲始于2015年12月31日，这是"知识付费"的高光开启之时，也是"知识跨年"的开端。罗振宇的首场跨年演讲在北京水立方举行，主题为"时间的朋友"，罗振宇提出愿景，要将跨年演讲连办20年。

根据思维造物（罗振宇得到App的母公司）披露的招股书及相关报道，这些年，罗振宇跨年演讲的收入累计下来有数亿元，再加上得到App的收入，2022年就有机构估计罗振宇的身家超过20亿元。

据思维造物招股说明书披露，2018年，罗振宇跨年演讲的总收入为5763.14万

元，2019年为4877.78万元，2020年为5809.02万元，2021年则为4368.91万元。

尤其引人注目的是2021年的跨年演讲。受新冠疫情影响，罗振宇在当年跨年演讲时面对12000个空座位进行了演讲，据公开报道，尽管没有观众进场，但演讲通过电视、视频平台等渠道全程直播，仍获得4300万元的可观收入，其中含赞助费3300万元。

与出身寒门的郭有才一样，某兄弟主播出生于安徽农村。据说兄弟俩小时候特别苦，为了省下每天5毛钱的早餐，天没亮就要起床煲粥，初中三年的时间里，天天如此。

后来这兄弟俩成为头号带货主播。2024年4月27日晚，一场近2小时的直播吸引了超1400万人观看，开播1小时销售额就突破了1亿元，他们也在直播中称"破了自己的销售纪录"。这意味着2个小时卖出的货，如果按照当年5毛钱的早餐计算，够兄弟两人吃5万多年。

在直销、社交新零售等领域，由个人经济体举办的万人演讲会更是稀松平常，这些行业是最早诞生个人经济体的领域，甚至远早于协同共享的社会阶段。

早在20世纪90年代，直销行业著名个人经济体（行业习惯叫"系统领导人"）耶格在亚特兰大的佐治亚体育场举办系统年会并发表激情演讲，在场人数达7.5万人。

由于美国再也找不到容纳更多观众的场馆，于是耶格采用四城联动的方式，在四个城市举办第二年的年会，这四场演出场场爆满。

年会爆火的背后，是耶格创造的巨大经济体量。

当年，耶格所在公司的年度全球营业额为70亿美元，耶格系统下所有部门占据了68%的份额，这显示出耶格系统在全球市场的强大影响力和竞争力。耶格成了名副其实的"个人经济体"。

而在同类企业之中，各大系统领导人举办万人演讲会，每年都会有若干次。只不过这类万人演讲会目前大多只在内部传播，公众比较少接触而已。

与樊登、罗振宇这类出身名门的人不同，直销行业领导人之前大多是平凡人。耶格之前只是一个卡车司机，甚至连高中都没毕业。国内直销龙头三生的团队领导人中，许多人并没有高学历，但这并不妨碍他们成为卓越的个人经济体。

随着个人经济体时代的到来，这类有着普通人背景的个人经济体会越来越多。

当然，很多人可能会问：个人经济体是否特指罗振宇、罗永浩、董宇辉那些做到一定规模、有一定影响力、已经出人头地的大咖？

答案是否定的。

现实生活中，中小个人经济体才是最强大的存在。

我们身边存在着成千上万小而美的个人经济体，他们才是这个群体的主要组成部分。

2019年的统计数据显示，中国"零工经济"对GDP总增量的贡献度达10.43%。近几年，这一比重还在逐年上升。这些如毛细血管般存在的个人经济体往往是最容易被忽视的群体。

这些数量众多的个人经济体，普遍是沉默的，虽然他们无法像大企业家一样享受到鲜花和掌声，但他们对社会的贡献毫不逊色于那些"大人物"。

我们在对众多个人经济体案例进行研究后，以这些个人经济体本身为原点，向外拓展到和他们相关联的社群，乃至整个社会，总结出七大具有普遍意义的社会价值，分别为：

- 他们是新就业形态先行者；
- 他们缓解了就业压力；
- 他们的成功倡导了新型就业观念；

- 他们的参与降低了社会成本；
- 他们提高了社会运行效率；
- 他们提供的服务成了社会肌体运行的润滑剂；
- 他们成了向上的社会力量。

以个人经济体最集中的红人经济行业为例：

2022年，我国红人新经济关联产业市场规模超5.5万亿元，2025年有望突破8万亿元。2022年我国MCN机构数量超2.4万家，万粉以上红人规模达1310多万。

更重要的是，个人经济体已经成为一种趋势。据WEIQ红人营销平台统计，2022年，该平台注册的红人数达237万，职业化账户数近104万。

2024年7月31日，人力资源和社会保障部将网络主播确定为正式职业。

现在越来越多的个体借助时代红利及强大的赋能平台，正在迅速崛起，其经济规模也越来越大，他们中的很多人演变成了个人经济体，或者正走在成为个人经济体的路上。

第四节

时代红利：新质生产力下的个体新动能

> 这个时代带给人的最大机会，
> 就是"个体组织社会化生产活动"时代到来了。

个人之所以能成为"经济体"，得益于这个时代的巨大红利，也是发展新质生产力的必然产物。

新质生产力是当下大热的一个经济学话题，由技术革命性突破、生产要素创新性配置、产业深度转型升级催生而来。

不过，普罗大众很难参与到"技术革命性突破"和"产业深度转型升级"之中，**倒是"生产要素创新性配置"给了大众参与的机会**——这种"生产要素创新性配置"成为"个人经济体"诞生的底层逻辑，个人经济体也成为发展新质生产力的必然产物。

个体创业最大的社会红利

几乎每个人在中学阶段都会接触到马克思的观点"生产力决定生产关系""生产关系决定社会结构"。随着生产力的发展，生产关系与社会结构正在悄然发生变化。

之前的生产要素，都配置在封闭的单位里，只有单位雇佣的"员工"才能使用，这时的社会结构是"单位+员工"模式，单位外的人无权使用。

随着生产力的进步，尤其是物联网、大数据、算法、人工智能的出现，生产资料的所有权、使用权日益分离，生产资料等生产要素由"封闭的单位"逐渐配置到"开放的平台"，所有者仍然拥有所有权，但使用权被配置到平台上。

因为平台的开放性，个体都能通过平台链接的方式获得生产资料的使用权，进行社会化生产，边际成本也越来越低，这就为个体创业创造了新的机遇，社会结构也逐渐变成"平台+个体"模式。

这显然是"生产要素创新性配置"的结果，也正是个体创业最大的社会红利。

我们将《个人经济体：如何抓住时代红利，成就个人财富人生》一书的副标题命名为"如何抓住时代红利，成就个人财富人生"，也是基于对这种社会红利的底层逻辑解读。

《个人经济体：如何抓住时代红利，成就个人财富人生》一书出版时，"新质生产力"一词还没有出现，现在用新质生产力中"生产要素创新性配置"来反向解构个人经济体出现的时代背景，有种豁然开朗之感。

"生产活动"自主组织，"生产规则"自我决定

著名趋势学家、社会批评家和畅销书作家杰里米·里夫金（Jeremy Rifkin）在其畅销书《零边际成本社会》中对"生产要素创新性配置"有独到的描述。

里夫金曾担任过前欧盟委员会主席罗马诺·普罗迪和德国前总理默克尔的顾问，他的另一本畅销书《第三次工业革命》更是影响深远。

在《零边际成本社会》一书中，里夫金认为，**随着生产力的进步，社会关系已**

悄然发生变化，他将其称为"市场资本主义社会"向"协同共享社会"的转变。

里夫金认为，"市场资本主义社会"需要依赖金融资本去购买土地、兴建厂房，再采购生产设备、雇用大批员工，才能进行社会化生产。

不过，物联网、大数据、云计算、人工智能等生产力的发展，让生产关系逐渐进入"协同共享社会"，生产者甚至可以用零边际成本获得生产资料的使用权——这就是里夫金所谓的"零边际成本社会"。

尽管里夫金的描述带有一点"乌托邦"色彩，但印证了生产力带来的生产关系的变化，以及对个体创业社会红利的底层解构。

这个时代红利带给人的最大机会，就是"个体组织社会化生产活动"的时代到来了。

生产要素的创新性配置，让越来越多的生产要素从"封闭的单位"配置到了"开放的平台"，让这个时代的创业者迎来一个空前的机遇——个体组织社会化生产活动。

个人经济体利用平台强大的资源配置能力，理论上可以用极低的边际成本甚至零边际成本获得社会化生产活动所需的生产要素，从而实现像企业家一样的"组织社会化生产活动"，但不需要庞大的金融资本。

个人经济体是"生产活动"自主组织，并且"生产规则"由自己决定。

例如现在越来越多的"主播定制款服装"，用什么颜色、什么面料、什么款式，以及生产成本、销售价格、用哪家物流公司的服务等"生产规则"全部由主播自主决定。这些工作不需要主播自己或伙伴去做，而是用协同共享方式，通过平台链接相应的市场调研公司、设计师、物料供应商、生产商、物流公司等协同完成。主播仍然只做最擅长的事——带货。

这就注定个体能够像企业家一样甚至超越企业家去组织更大规模的社会化生产

活动,这是个体能成为"经济体"的最重要的原因。个体创业不再拘泥于"个体户"的小打小闹,而是有望成为"经济体"——这是何等美妙的事。

从"找单位上班"的就业观到"找开放平台"的创业观

《个人经济体:如何抓住时代红利,成就个人财富人生》基于创业者时代红利的底层逻辑解读,有利于让越来越多的人认识到,甚至坚定地认为:个人经济体是个体创业新方向,是对传统就业观念的冲击。范恒山所指的"转换社会就业观念",其实指的就是从传统就业向个人经济体方向的转变。

所谓传统就业观念,大家的第一感觉就是"找单位上班"。现在,不管是主管单位、各大高校还是父母邻里,对就业与否的评判标准就是"是否有单位上班"。高校对学生就业率的统计,就是以学生与接收单位签署劳动合同为准的。

这与在相当长时间内生产要素配置到单位有密切关系,久而久之形成了根深蒂固的观念。

著名作家当年明月的著作《明朝那些事儿》大卖,版税收入高达4000多万元,但他仍然天天坚持去顺德海关上班,那时他还只是个小公务员。

央视主持人董倩在采访他时,忍不住问:"都这么有钱了,为什么还天天去上班?"当年明月回答:"我妈妈说了,只有上班才是正经的营生。"

当年明月妈妈的这句话就代表了根深蒂固的看法。这种根深蒂固的看法又让社会弥漫着一种就业焦虑情绪。

全球经济不景气,就业成了重要的民生问题,这种焦虑在于大家都在按照传统就业观争相去抢"封闭的单位"里僧多粥少的就业岗位。尽管越来越多的年轻人下意识地走上了个体创业道路,但有种焦虑又让这些创业者望而却步,**因为这种焦虑叫作"你妈让你焦虑"**。

两个邻家同学,一个在大单位上班,月薪5000元;另一个做自媒体创业,月薪过万。前者的妈妈逢人就骄傲地说自己的孩子在某单位上班,后者的妈妈往往会说自己的孩子不争气,连个单位都没有——这种传统就业观,给个体创业者造成了无形的压力。

这种传统就业观还会让许多个体创业者产生"受害者心理",他们觉得自己原本应该去上班,创业是被迫之举。一旦有了这种心理,创业就失去了乐趣、多了埋怨,创业者内心也会感到失落迷茫,认为自己没有多大出息。

更重要的是,这种受害者心理让创业者容易放弃,或者理所当然地等着别人来帮助他们解决问题,这将成为创业路上最大的羁绊。

如果理解了新质生产力时代个体创业的时代红利底层逻辑,就会意识到,新质生产力已经促使生产要素配置发生了重大变化,即由过去的"封闭的单位"更多地转向了"开放的平台"。

有了这个认知,就会读懂个体创业的时代红利,就业的方向也会从"封闭的单位"转向开放平台。这自然会极大地降低就业焦虑,人人都可以找到更多的就业机会——"开放的平台"自然比"封闭的单位"要容易入门。

创业者有了这个认知后,也会消弭"受害者心理",对创业更有激情——这不是被迫创业,而是选择了时代的趋势。

更重要的是,就业观改变后,创业者的创业观也会发生改变——对愿景更有憧憬。有了"个人经济体"的认知,内心会增强对创业前景的憧憬,自己不再是小小的个体户,而是可以利用新质生产力时代生产要素的创新性配置,用极低的边际成本自主组织社会化生产活动,甚至超越企业家,成为像霉霉一样的"个人经济体"。

第五节

平台化生存：浪潮之巅的创业新图景

> 个体创业者的全新图景，就是借助平台赋能系统，变成新质生产力下的新经济物种——个人经济体。

新质生产力带来的生产关系变化，让人类步入了协同共享时代，同时社会结构也呈现出平台化生存的特点。

这种对社会发展深层次的洞察，有利于研判个人经济体的发展趋势和机会，有利于改变传统就业观念、缓解就业焦虑，为个体创业者带来全新图景。

那么，个体创业者的全新图景是什么呢？

那就是借助平台赋能系统，变成新质生产力下的新经济物种——个人经济体。

麦肯锡前全球董事合伙人、埃森哲战略大中华区前总裁余进素有"战略女王"之称，她推荐《个人经济体：如何抓住时代红利，成就个人财富人生》一书时，尽管还没有"新质生产力"的概念，但她讲的就是新质生产力带来的生产要素创新性配置变化，她提到的去中心化，解构了企业越来越由"封闭的单位"向"开放的平台"转变的原因。

很显然，"封闭的单位"越来越不适应这种生产要素创新性配置的需要，"开

放的平台"正成为时代宠儿。

一个典型的表现就是，2024年第一季度，世界上市值最高的公司排名中，前10名中有7家是平台型公司，他们分别是亚马逊、苹果、微软、腾讯、谷歌、阿里巴巴、脸书（Facebook）。除了这些生来就是平台的企业外，越来越多的企业正在"平台化"。

尚品宅配、索菲亚等定制家居品牌，就是平台化转型的缩影。家居定制个性化需求高，聘请设计师根本不现实，于是尚品宅配等企业就将设计业务平台化，由设计师向平台投递作品或在平台领取设计任务。这样不但满足了设计需求，而且让平台的设计能力变得没有边界。

不止是尚品宅配，现在几乎所有定制家居企业都实现了平台化。许多设计师也不再固定在某个单位上班，而是到这类平台上创业，设计师行业也成为个人经济体数量最多的行业之一。

位于宁波的三生是一家老牌直销企业，有20多年的历史。它也经历了多次"平台化"过程。

该企业之前采用的就是传统经营模式，招聘大量销售人员到全国各地去推销，甚至老板都亲自上阵。2004年三生转型做直销，其实就是将销售端平台化。

直销、微商、社交新零售等企业，都是销售平台化企业——这样就能容纳几十万甚至几百万销售业务人员，这也是这类企业短时间内就能业务暴涨的原因。

随着平台化浪潮的兴起，三生的平台化程度越来越高。

之前，三生销售的产品都是自主研发生产的，供应链是封闭的。后来供应链逐渐平台化，通过OEM（代工生产）、ODM（设计制造）等方式快速扩充了产品线。2023年，三生更是推出"链商"模式，对接了京东、淘宝、唯品会、饿了么等平台的供应链，这意味着其产品线可以无限扩大。

平台竞争的核心，变成了对个人经济体的争夺。

之前平台争夺的是流量（用户）；现在争夺的是"牛量"，即卓越的个人经济体。

"牛量"带来的流量不容小觑。在直销、社交商业领域，对大团队长的争夺暗战也从未停止：在2023年的电商年货节，京东极力想把董宇辉拿下，甚至在直播间打出横幅，邀约董宇辉加盟。

要让这些个人经济体进驻平台，比拼的是平台赋能个体创业的能力，而这种能力背后，则是生产要素优化配置的能力。

以尚品宅配为例。它想要吸引到更多优秀的设计师进驻平台，并要防范这些设计师为其竞争对手服务，除了提供有竞争力的酬劳外，还要提供可观的业务量，并且时不时邀请国际顶尖设计大师给平台设计师授课或举行见面会，以及提供各种培训、组织各种线上线下设计师沙龙，让偏重个性与情感的设计师们获得工作、生活的双重快乐。

那么，如何系统化打造最具竞争力的平台赋能系统呢？

南京大学社交商务研究中心个人经济体实验室的智库团队经过对三生、抖音、快手等创业平台的调研发现，**这类平台赋能系统有个共性，就是打造了"数字蜂巢平台赋能模型"。**

细化到三生，这套模型具象为"四大支持体系"与"六大赋能链路"。

"四大支持体系"分别是明星企业、生态布局、数字领先、安全保障；"六大赋能链路"则是价值链、成长链、品牌链、供应链、营销链、服务链，其中前三个赋能链路针对个体赋能，后三个赋能链路针对业务赋能。

这套理论与名企平台案例的结合演绎出个人经济体赋能系统，形成对个体托举的力量，**终极目的就是"让创业更简单"。**

第六节

新经济物种：到底什么是个人经济体

> 这种经济组织不再以单位为中心，而是以个人为中心。

个人经济体的井喷式发展，引起了各界的高度关注。

2023年1月1日，处于改革开放前沿的广东经济出版社出版了《个人经济体：如何抓住时代红利，成就个人财富人生》一书，书中首次创立了个人经济体系统理论，这一理论引发社会各界高度关注。

国家发展改革委原副秘书长、著名经济学家范恒山在给《个人经济体：如何抓住时代红利，成就个人财富人生》的推荐语中认为，个人经济体具有鲜明的新时代印记，这种基于科技成就与组织模式创新的经济形态，为创业者提供了十分优厚的社会红利，对典型案例的剖析及成功经验的总结，不仅有利于转换社会就业观念，也能为这种经济形态的拓展、支托、规范和管理提供有益参考。

那么，到底什么是个人经济体？

2024年5月25日，在南京大学举办的个人经济体学术论坛上，"个人经济体"的概念正式发布：个人经济体是指在数字经济时代，个体通过平台资源，通过组织的去中心化，以个人为中心组织生产活动，创造经济价值的一种经济组织形式。

经济组织形式**不再以单位为中心，而是以个人为中心**——这是评判个人经济体最关键的指标。

余进在评价个人经济体理论研究时认为，技术革命往往会颠覆传统的商业模式、经济组织形式乃至社会生态。曾经的工业化革命促进了中心化，规模效应让大工厂取代了小作坊，催生了一批批大企业、大公司。在那个时代，个人层面的机会反而不多，就业就是去单位上班。而数字化技术的发展则带来了去中心化，给个体带来更多的独立创业机会，甚至使个体成为独立的"经济体"。

但"个人经济体"显然不同于"个体户""新个体"等概念，也不同于"IP经济""超级个体"等概念，因为这些概念仍只是停留在个体创造多大经济效益层面，而不是"经济体"层面。

"个人经济体"与"个体户"有什么区别？

以某服装主播为例。她之前开了两家服装店，从事的只是产业链中的一环——批发和零售的工作，是典型的传统意义的"个体户"，她再努力，经济规模也只有那么大。但成为超级淘宝主播后，她的经济规模陡然增大，从服装款式的设计、生产到销售及售后服务与物流，全部以她自己为中心展开，她联动的几乎是全产业链的工作，经济规模远远超过许多上市公司，单日销售上百亿元是常事，如果包括由此产生的其他连带经济效益，经济规模则会更大。

更显性的案例是郭有才。烧烤摊上的郭有才是个体户，而直播间里的郭有才则是个人经济体。前者是一个卖烧烤的摊主，尽管他再怎么努力，经济体量还是只有那么大；后者不但为自己创造了巨大的经济效益，而且以一己之力带活了菏泽这座城市，给菏泽带来了新的机遇。

显然，**"个人经济体"是对个体创造经济效益的全新评估方式，既包括个体创造的直接经济效益，也包含这背后所拉动的更大的其他效益。**

这无疑放大了个人经济体蕴含的巨大价值。

例如对霉霉的评价。如果只计算她带来的演唱会门票收益、唱片收益、版权收益、广告代言收益等，这就只是计算了她带来的直接经济效益，而"霉霉经济学"显然不是这样的评价体系，而是把她的"时代巡回演唱会"对航空、酒店、餐饮、旅游、文创等领域的经济拉动都计算在内。有报道认为，她在美国已经举办的52场巡演，带动的经济体量高达700亿美元。

一个有趣的争论是，许多个人经济体都成立了公司，并且组建了团队，那么他是"企业家"还是"个人经济体"？

如何区分"个人经济体"和"企业家"？

很显然，并不是以是否注册了公司和是否组建了团队为评判依据，一个核心的标准是**这个组织是维系在个人IP之上还是维系在运营系统之上**。

如果组织的命运维系在个人IP之上，那么不管这个人的IP是大还是小，他都是个人经济体。例如罗振宇的《罗辑思维》运行了10年，产生了巨大的收益，让罗振宇成了典型的个人经济体。当罗振宇宣布《罗辑思维》停更，这个"经济体"则停止运营。

罗振宇的跨年演讲同样如此，跨年演讲最近5年赚了近4亿元，只要罗振宇宣布罢讲，哪怕同样的内容、同样的场地、同样的运营团队，换任何一个人去演讲，估计也没人看。尽管跨年演讲由思维造物公司负责运营，但也是维系在罗振宇的个人IP之上的，是典型的个人经济体项目。

罗振宇打造的另一个项目——得到App则显然不同，尽管得到App也是罗振宇创办的，但它维系在运营系统之上，减少了对罗振宇个人IP的依赖，如果罗振宇甩手不干，得到App的运营并不受影响。就像宗庆后离世后，哪怕没有他女儿宗馥莉，娃哈哈集团照样可以运转一样。

一个相反的现象是，许多企业尽管有一定的规模，也有员工队伍，但里里外外都还是靠老板一个人。那么，他是企业家还是个人经济体呢？很显然，尽管这个组织名义上是企业，但它的运转依然维系在老板个人身上，团队成员只是充当了老板的手和脚，全部属于"助理"性质，**他仍然属于"个人经济体"，只不过属于"假企业真个体"的类别。**

最典型的是董宇辉和"与辉同行"。尽管"与辉同行"注册了公司，成立了团队，但谁都知道，这个组织完全维系在董宇辉的个人IP之上，属于典型的"宇辉"个人经济体。

第七节

价值愿景：新就业形态先行者

> 新就业形态是指伴随互联网技术进步与大众消费升级出现的去雇主化、平台化的就业模式。

时代大潮滚滚向前，越来越多的人成为个人经济体，或者正走在成为个人经济体的路上。

大的个人经济体都是由小的个人经济体发展起来的，再小的个人经济体都值得尊重。

新就业形态先行者

党的十八届五中全会首次提及"新就业形态"的概念。从生产关系的角度来看，新就业形态是指伴随互联网技术进步与大众消费升级出现的去雇主化、平台化的就业模式。

由此可见，"新就业形态"背后折射出：过去找组织、找集体、找单位的组织化大生产形成了固有就业思维，但是随着共享经济的发展，这种组织化大生产模式正快速衰退，个人经济体不断涌现，并成为一种新的就业趋势。

这些从大组织里"脱落"出来的个体，通过对新就业形态的探索，通过转型再就业等多种形式，在有意无意中成为时代先行者。

这些先行者的贡献也逐渐得到社会认可。

2021年，宋增光被授予"全国五一劳动奖章"，他是我国首位获此殊荣的外卖骑手。2014—2021年的七年里，宋增光从骑手到配送站点站长再到培训专员，共培养了四五百名新骑手，这枚奖章既是对他辛勤工作的肯定，也是对他作为新就业形态先行者发挥"引路人"价值的肯定。

新就业形态已成为全球劳动力市场的新趋势。数据显示，2021年，我国灵活就业人员已达2亿人左右，新增新就业形态劳动者工会会员350万人。如今，新就业形态被越来越多的人接受，这离不开像宋增光这样用实际行动"带路"的人。

缓解就业压力

近年来，"解决就业"成了两会最关注的话题。

在全球经济下行的大背景下，再加上人工智能对工作岗位的挤压，就业难已成为一个不容忽视的社会问题。

这时，**依托数字经济的个人经济体成了吸纳就业的庞大"蓄水池"**。

陈伟原来是一名外贸订单加工厂的员工，新冠疫情暴发后，他所在的工厂破产，肩负着养家重担的陈伟在网约车平台注册了账号，成了一名网约车司机。有相同经历的还有大学应届毕业生王乐，她通过支付宝平台成了一名二次元声音主播，解决了就业问题。

一直喜欢小动物的何雯在原单位效益不好的情况下，兼职做起了职业宠护师，通过平台接单，提供宠物上门喂养、宠物接送、代遛狗等服务。

如今像陈伟、王乐这样依靠平台，自己给自己发offer（录用通知）的个人经济

体案例越来越多，像何雯一样通过兼职创收的个体案例也越来越多。

据国家统计局数据，截至2021年底，中国灵活就业人员已达2亿人，其中网络主播及相关从业人员达160多万人，比上一年增加了近三倍。截至2021年底，我国已有超过770万名外卖配送员，各地共发放网约车驾驶员证349.3万本，这意味着数以百万计的外卖配送员、网约车司机通过平台找到了新工作。

此外，**个人经济体创业平台上的一些岗位的准入门槛相对较低，这为许多底层劳动者提供了就业机会**。比如2021年，约527万名骑手在美团平台获得收入，其中约59%的骑手实现本省就业，约24.6万名骑手来自国家乡村振兴重点帮扶县。

由此可见，以个人经济体为代表的新就业形态吸纳了大量就业人口，成为缓解就业压力、有效配置劳动力资源的重要途径之一。可以说，个人经济体成为国家缓解就业压力的一剂良方。

降低社会成本

我们来回顾一下前文提到的罗振宇和《罗辑思维》的故事。

从传播效果看，《罗辑思维》的影响力完全不亚于中央电视台（简称"央视"）一档著名节目。可是从节目制作成本的角度来分析，二者的差距非常大。

按照央视的节目制作流程，在巨大的资金、人力投入之后才能做出一档节目：各地的差转台，各个城市中心的转播塔，底层的上万名员工……

而《罗辑思维》节目制作的底座资源均来自免费的社会化资源：优酷等互联网视频网站提供的带宽服务器、免费的微信平台等。

可以说，**罗振宇凭一己之力干出了央视需要庞大团队才能干出的事，二者的成本优势在比较中一目了然**。

网络化生存的个人经济体擅长整合共享资源，同时为其他经济体提供专门能

力、专门服务。比如罗振宇，他只要发挥个人能力，就能利用一些共享资源和工具，将内容送达给更多的人。

这背后的关键就是互联网技术的应用，这也是个人经济体赖以发展壮大的关键。

"一个强大的新技术平台，正突破第二次工业革命的范畴。"里夫金认为，物联网已经大幅提高了生产率，使很多商品或服务的边际成本趋近于零。

提高运行效率

共享经济时代，提高运行效率不再是秘密武器，在互联网技术的加持下，个人经济体可以轻而易举地超越过往，大幅提升运行效率。

比如，很多个人经济体借助互联网平台成为"新农人"，通过一部手机就可以将家乡的特产销往全国，大幅提升了运行效率。

这些个人经济体在解决生计问题的同时，也带着父老乡亲就业增收。

抖音电商发布的《2022丰收节抖音电商助力乡村发展报告》显示，2021年9月至2022年9月，共有28.3亿单农特产通过抖音电商出村进城、卖向大江南北。该平台"三农"电商个人经济体的数量同比增长252%，农货商家数量同比增长152%，他们成为连接品质农特产和全国消费者的重要纽带。

实际上，大部分个人经济体都诞生于微经济中，他们利用社交媒体、电商平台、直播平台为微创作、微应用、微产品创造带来诸多活力——这一个个微小而充满活力的经济细胞，是国民经济的重要组成部分。**这些个人经济体在实现自我价值的同时，也在自己的圈层里发挥着盘活社会闲置资源、提升运行效率、带领大家共同致富的作用。**

个人经济体在提高运行效率方面最重要的体现，就是把分散的个体力量汇集起

来，形成强大的洪流，使之成为社群的力量。

共享经济年代，把认识的人、不认识的人组织起来，也就是将零散的力量通过系统组织在一起，形成共同的文化、价值观和行动标准，这可以大幅提升运行效率，创造巨大的价值，甚至达到个人达不到的高度。这一点，从正在蓬勃发展的社群经济中可见一斑。

个人经济体运行效率提升的原因是什么？

第二次工业革命后，虽然人类的经济活动范围在扩大、生产效率在提升，但是资本的力量仍占据着主导地位，完成某一项工作或创造大的财富仍需在一个高度集中管理模式的垂直整合型公司中进行操作。这一时期产生了很多巨无霸型跨国大企业，这些大企业垄断着某个领域的发展，而个人依然是依附于组织存在的"螺丝钉"。

而随着以互联网、物联网为代表的新技术的兴起，共享经济进一步发展，这让个体的能力得到释放，并进一步解放生产力，个人经济体的运行效率优势也进一步凸显。

英国管理学大师查尔斯·汉迪（Charles Handy）在21世纪初出版了他的经典著作《大象与跳蚤》（*The elephant and the flea*），并预言"21世纪将是跳蚤的天下"，小小的"跳蚤"有着大大的能量。

成为社会肌体运行的润滑剂

著名社会学家涂尔干在《社会分工论》一书中表示："分工越发展，它的灵活性和任意性就越大。"

我们试着换个角度理解涂尔干的话：社会越发展，需要的职能越多，这时，灵活性和任意性就显得格外重要，能够快速补齐社会的需求。

而这个时候，**以灵活性著称的个人经济体就成了快速满足需求的主力军，成为社会肌体运行的润滑剂，在极端情况下，他们甚至会被推向拯救者的角色。**

2020年新年伊始，在万家团聚时刻，一场新冠疫情大规模暴发并迅速席卷全球。为了遏制疫情蔓延，武汉紧急封城，全城停摆，一切都仿佛被按下了暂停键。

虽然城封了、路空了，但这座城市里仍有上千万人要生存下去，包括许多从外地过来救援的医务人员。

此时，抗疫过程中的外卖小哥、快递小哥、网约车司机，不仅是方便人们日常生活的服务者，还是这座城市的守护者、摆渡人，甚至是和时间赛跑的拯救者。

"我没想太多，只想用自己的力量去为这个城市做点什么。"电影《中国医生》中外卖小哥的原型之一赵彬在封城后，每天从早跑到晚，顾不上吃饭，也顾不上休息，"因为在这个不能外出的城市里，有太多医务人员和老百姓需要通过我们来维持正常生活"。

后来，记者问赵彬怕不怕，他腼腆地回答："我有父母、老婆、孩子，也怕被感染。不过看着这个熟悉的城市面临最大的考验，看着那些从外地奔向这里的志愿者，我觉得我不能退。"

和赵彬抱着相同想法的还有网约车司机杜勇，他和一大批网约车司机主动提出成为志愿者，保障两条重要运输线的运转：接送医务人员上下班、满足社区居民的基本用车。

在武汉封城后，数以千计的志愿司机成了这座城市运输线的重要组成部分，他们在当地被称为"摆渡人"。当时，滴滴出行武汉社区保障车队共召集了1336名志愿司机，他们从2020年1月24日开始在当地服务，截至2月9日已经接入15家医院、25个院区，接送了8600多名医务人员。

在危难时刻，这些摆渡人凭着凡人之躯送医送药、送米送菜，甚至带着病人找

医院，他们保障着这座城市的运转，帮助危难中的人们，协助医务人员打赢了这场疫情防控阻击战。

在社会稳定时期，我们轻松享受的数字便利，也是由这些个人经济体在背后默默托起的。

除罗永浩等超级个人经济体外，我们身边还存在着成千上万容易被忽视的小而美的个人经济体，他们为了不让我们的日常生活停摆而紧踩链条，使用数字工具推动各自领域的数字化应用。

这些如毛细血管般存在的个人经济体，在很多领域打通了你我他生活供应的"最后一公里"，让社会运转得更加顺畅，他们产生的社会价值是不可估量的。

第八节

托举力量：个人经济体与平台的双向奔赴

> 哪有什么岁月静好，不过是有人替你负重前行。

个人凭借平台赋能成为卓越的个人经济体后，往往会成为平台的"扛把子"，其经济规模甚至超过很多企业。

那么，问题来了——个人经济体往往会恃才傲物，甚至试图凌驾于平台之上。

典型的案例就是董宇辉与东方甄选的缠斗。"小作文"事件后，董宇辉成了"丈母娘"眼里的"受害者"，最终他得偿所愿，拿到几个亿的回报后成功独立。独立后不久，他在巴黎的一番言论，被指典型的"忘恩负义"，失去上市公司支持的与辉同行也很快露出了疲态。

董宇辉确实才华过人，但这只是他被选为"幸运儿"的条件之一，董宇辉爆火的背后还有一系列其他因素在起作用。当时罗永浩从抖音出走，抖音需要扶持一个新的带货担当。正好新东方谋求转型，董宇辉开启了用双语带货的新模式，再加上俞敏洪在企业圈强大的影响力，于是董宇辉脱颖而出，成为那个"幸运儿"。在新东方和俞敏洪的支持下，抖音给予董宇辉强大的流量扶持，新东方则给予他强大的供应链支持，这才让他一夜爆红。

个人经济体崛起时代
The Rise of Individual Economy

即便是盖世天才歌手霉霉，其人生命运也会因背后的平台而起伏。

霉霉是当之无愧的个人经济体，甚至是宇宙第一个人经济体。许多人被霉霉的才华所折服，甚至为之疯狂。

但鲜有人去探究光环背后，那个负重前行的"人"——霉霉背后的唱片公司。

毋庸置疑，霉霉是神一般的存在。她的音乐天赋、她过人的商业头脑、她的容颜、她的努力和她热情又慈爱的心，都是她成功的原因。她的一切高光时刻，仿佛都是她应得的。

但不要忘了，霉霉也经历过长时间的"至暗时刻"，尽管有各种不同的理由，但她遭到全网黑时，也是她所处的平台最弱的时候。

在加入环球音乐集团之前，霉霉签约的是大机器唱片公司。必须承认，在一定程度上，该公司总裁斯科特·波切塔确实是霉霉的伯乐。

只是这位伯乐颇有些唯利是图。

从出道以来，霉霉一直都是独立艺人，保持独立创作，不接受公司的不合理安排，不唱自己未参与创作的歌曲。作为全球最成功的女歌手之一，她为大机器唱片公司带来了太多利益。十几年来，大机器唱片公司从名不见经传的小公司，一跃成为业内巨头之一，其中约80%的营收都来自霉霉。

上亿市值，换来的却是愈加贪婪。

"多年来，我一直恳求可以有机会拥有自己作品的版权，但是我得到的回应却是只能通过重新签约大机器来争回我的版权。而且我每交出一张新的专辑，才能获得一张旧专辑的版权。我离开，是因为我知道，一旦我续约，斯科特就会出售这个唱片公司，因此也将卖掉我和我的未来。"她在汤不热（Tumblr）上发表长文如是说。

当霉霉提出想要购买自己前六张专辑的版权时，却被告知公司即将被收购。霉

霉很清楚，一旦公司被收购，自己的艺人生涯或将终结——因为售卖对象是曾网络霸凌自己的幕后黑手之一斯库特·布劳恩。失去版权，意味着她甚至无法在公开场合演唱本属于自己的歌曲。

就这样，她决绝地与大机器唱片公司分道扬镳。

外界只知道，那段时间她不想见人，但只有她自己知道，她在承受着什么。

前东家的背叛，网络流言脏水不断，她的身体严重发福。她在其他国家租了房子住下来，几乎一年都没有面对公众。

在最艰难的时候，卢西安·格兰吉出现了。"我们将利用我们公司所拥有的一切来为你服务。"这位环球音乐集团CEO向她许下承诺，"无论你创作什么，我们都会自豪地帮你推出去。我们还会给你100%的创作自由和信任。"

这正是当时的霉霉所需要的。

无论是音乐资源还是影响力，环球音乐集团都为她提供了大机器唱片公司无法比拟的支持。

她重录了过去的几张专辑，放言"我能创造它们一次，当然也能创造第二次"；她撕掉"乡村音乐人"标签，开始尝试更多流行、摇滚和电音风格的音乐；2023年，她力压炙手可热的OpenAI创始人山姆·奥特曼，登上《时代》杂志，成为2023年"年度人物"；2024年初，她的全球巡演被看作艺人单次最赚钱的巡演。

查尔斯·狄更斯曾在他的自传中写道："一个合适的平台如同一个宽广的舞台，让我得以尽情展示我的才华。它为我提供了无尽的机会，让我能够与更多的人分享我的故事，激发他们的情感。"

这句话放到霉霉身上，同样适用。

当一个人找到与之契合的平台，且这个平台真正成为其助力时，一颗巨星诞生了！

相较于环球音乐集团能给的，大机器唱片公司确实相差甚远。

首先，二者的公司规模与全球影响力差距甚大。

作为全球最大的唱片公司，环球音乐集团占有全球唱片市场25.6%的份额，在全球范围内拥有子公司和发行网络，覆盖多种音像制品，其规模之庞大、影响力之广泛，堪称音乐巨擘。

相比之下，尽管大机器唱片公司在美国本土市场有着深厚的影响力，但它的整体规模及它在全球范围内的资源和网络都相对较少。

毕竟，在霉霉签约大机器唱片公司那一年，该公司不过十余人；而彼时，环球音乐集团已有近百年历史。

其次，环球音乐集团的资源与资金支持更胜一筹。

庞大的音乐库，豪华的世界级歌手、乐队、制作人阵容，大量的品牌合作赞助，最高水准的制作，以及强大的营销推广……环球音乐集团无论是从资源上还是资金上，都位于全球第一梯队。

这一切，都在霉霉加入后向她倾斜。

再次，环球音乐集团提供了更多元的发展与合作机会。

一直以来，大机器唱片公司都以发展乡村音乐为重，这在一定程度上限制了霉霉的音乐风格。

尽管2012年霉霉在第四张专辑中融入了流行音乐、摇滚乐甚至电子音乐的元素，但总体方向依然以乡村音乐为主。

进入环球音乐集团后，霉霉的音乐风格愈加多元化，不仅在创作中加入民谣、独立流行和另类摇滚等元素，歌词的情感表达与故事叙述也愈加细腻。同时，她与环球音乐集团的合作，也进一步扩大了她在全球音乐市场的影响力。

毫无疑问，这是一场强强联合的盛宴。

最后,也是霉霉最为看重的,她拥有艺术创作的自主权及版权。

诚如霉霉自己所说,今后,她将获得音乐母带的录制版权,这是她签约环球音乐集团时,环球音乐集团立下的承诺。

不仅能搞音乐创作,还能个性化发展,甚至能够更自主地决策自己的音乐事业发展方向。毫无疑问,这正是霉霉梦寐以求的。

一个天才歌手,从低谷到巅峰,从乡村音乐人到流行音乐巨星,从小镇姑娘到全球顶流……除天赋异禀外,霉霉的成功也离不开其背后平台的支持,这是一场彼此成就的双向奔赴。

崇尚个人经济体的时代,我们自然要为个人经济体欢呼。但要明白的是,像霉霉这样的天才歌手尚且不能离开平台赋能,更何况普通人呢?

"君子生非异也,善假于物也。"

这是《荀子·劝学》里的一句话,意思是君子的资质秉性跟一般人没什么不同,只是君子善于借助外物罢了。荀子举例说,我曾经踮起脚远望,却不如登到高处看得广阔。登到高处招手,胳膊没有比原来加长,可是别人在远处也能看见;顺着风呼叫,声音没有变得更洪亮,可是听的人在远处也能听得很清楚。借助车马的人,并不是脚走得快,却可以达到千里之外;借助舟船的人,并不善于游泳,却可以横渡江河。

这完美地诠释了个人与平台的关系——哪有什么岁月静好,不过是有人替你负重前行。**要成为卓越的个人经济体,关键是选对平台。**

第二章

平台篇：
四大支持体系

创业就像做投资，谋求的是未来收益，选对基本盘对未来发展至关重要。这个基本盘就是创业平台。它不仅能够提供稳定的收益来源、降低创业风险，还有助于实现长期增长和财富增值，更有助于成就自己，让自己成为卓越的个人经济体。在选择创业平台时，应该深入分析平台的基本面情况，关键要看企业是否具有明星企业、生态布局、数字领先、安全保障这四大支持体系。

第一节

明星企业：选对基本盘

> 不要寄望"乌鸡变凤凰"。
>
> ——巴菲特

巴菲特说，不要寄望于"乌鸡变凤凰"。乌鸡就是乌鸡，应该选择明星企业。选公司就是选人，卓越的团队最重要；产品好才好赚钱，要有产品壁垒；模式好赚钱才容易，市场模式要创新；前期有超级竞争能力，才能保障后期的长期领先。拥有明星企业的四大特质，才是巴菲特眼里的"凤凰企业"。

英伟达的股价5年涨了30多倍，并在2024年6月超过了微软、苹果的市值，气势如虹。

但回过头来看，历史上涨幅最高的股票仍是巴菲特旗下的伯克希尔公司。

要知道，当年巴菲特控股的伯克希尔均价为14.86美元，2024年6月19日，这个数字已经突破61.5万美元，涨了41386倍。这意味着你当初只要投入14.86美元，然后什么事情都不用做，现在你就拥有了61.5万美元的财富。

巴菲特能如此成功，按照他的话说，就是**选对了明星企业，也就是选对了基本盘**。

选择创业平台同样如此，关键在于找对基本盘，也就是找到巴菲特眼中的"明星企业"。

要找到明星企业，首要原则是不要抱侥幸心理，不要寄望"乌鸡变凤凰"。

许多投资者以为，那些正在重组或即将重组的公司会咸鱼翻身，正好可以低价买入，但是巴菲特在追踪了数百家公司后，得出的结论只有一个：能变成凤凰的乌鸡只是少数和例外，大多数仍是乌鸡。

这一原则，对个人经济体同样重要。

很多人在选择创业平台时，只关注当下能拿到多少钱，或是否能实现短期"暴富"，却对企业的整体情况一无所知，结果只会让自己伤痕累累。

如何选对明星企业，让个人经济体得以持续发展？我们可以复制巴菲特评判明星企业的四大维度：卓越团队、产品壁垒、模式创新、长期领先。

维度一：卓越团队

选明星企业，巴菲特尤其看重管理人和管理模式。

投资美国第四大汽车保险公司GEICO（政府雇员保险公司）前，他曾专门到这家公司调研，向投资主管洛里默·戴维森（后任企业CEO）了解行业及企业管理机制。

深入调研后，巴菲特对GEICO的业务模式印象深刻，最终决定进行投资。这一决策后来被证明是非常成功的。

在这一点上，知名投资人段永平也颇有心得。

在购买网易股票前，段永平曾要求与丁磊面对面交流，"我不是要去探听什么内幕，我的目的就是接触一下这个管理者，确认我看到的东西是不是真的，看他能不能带领企业达成目标"。

这次聊天被段永平认为是最有用的沟通。在一次接受的采访中，他透露："我

认识的丁磊，绝对不是做假账的人，我相信他会带领网易走向下一个巅峰。"

于是，段永平大手笔买入网易股票，这次投资让他获利100倍以上。

无论是巴菲特还是段永平，他们都坚信，公司能否长期保持和加强竞争优势，在很大程度上取决于创始人和管理团队的能力和品质。

选股票就是选公司，选平台就是选人。每个优质的个人经济体平台，也势必拥有强大的创始人和管理团队。

三生创立伊始，就把打造明星经理人放在首位。

公司创始人以身作则，坚持以匠心精神做产品，并坚守长期主义，做任何事都以长远的眼光认真布局，矢志把三生打造成像树一样的百年企业。三生运营总裁孙鹏博，则是业内陪伴公司成长最久的职业经理人，他眼光独到，思维领先，商业嗅觉极其敏锐。除此以外，三生还有一支稳定优秀的高管团队，为其发展保驾护航。

很多人在选择公司时，很容易忽视公司的管理团队，但是每一个明星企业，背后一定有优秀的CEO和金牌团队。

巴菲特说，你看到的企业现状只能代表它的现在，你看到的目标只是纸面上的目标，企业能否有未来，纸面上的目标能否实现，关键因素就是看有没有卓越的领导团队。

维度二：产品壁垒

巴菲特说，产品好，才好赚钱。

巴菲特投资可口可乐，就是依据这一原理。他认为，好的产品必须具备三个要素：市场前景、核心技术和持续投入。

首先，要有市场前景。

一个优秀的产品，意味着能满足当下和未来市场的需求和趋势，具有长期发展潜力。

在赛道方面，三生在20年前就凭借敏锐的嗅觉，看到了大健康产业的前景，以丰富优质的产品在市场竞争中站住了脚。但三生的眼光远不止于此，它在研发健康产品的基础上，很早就构建了以"测、调、保、疗、养"五位一体为核心的全生态链健康产业集群的多元化布局，为未来提供无限可能。

其次，要有核心技术。

核心技术永远是最有效的竞争壁垒。

三生创立之初，就以重金购得古秘方"御坊堂海狗丸"，开启了御坊堂中医养生精研之旅，并融合现代科技，弘扬正统中医药文化，让御坊堂系列成为中医养肾与慢病调理的经典品牌。除此以外，三生在"肽"和"酵"领域有很深的研究和挖掘，在产品创新、工艺创新和技术研发上不断精进，源源不断地推出高科技含量产品，在构建产品壁垒的同时，也提高了产品的核心竞争力。

最后，要进行持续投入。

持续研发才能不断拓宽市场边界，保持技术领先，为企业提供长远发展的不竭动力。

三生在研发方面是真金白银地持续投入，在硬件方面，建设了总面积达1万多平方米的研发大楼，拥有省级高新技术企业研究开发中心、省级企业研究院、省级重点农业企业研究院、省级博士后工作站四大平台；在软件方面，引进各类高层次专业技术人才，长期与中国食品发酵工业研究院、江南大学、浙江大学等科研院所、高校进行合作，建立了专家工作站。与此同时，三生还高起点地涉足细胞生命科学、高端医学领域。

维度三：模式创新

巴菲特说，模式好，赚钱才容易。

在巴菲特看来，除了要做好产品外，做好销售也是关键。这就关系到企业的经营模式。

巴菲特投资吉利剃须刀，就是看中了它独特的商业模式——"刀片—刀架"模式。这种模式能够有效地锁定客户：通过低价销售剃须刀架来吸引客户，一旦客户购买了剃须刀架，就倾向于继续使用同一品牌的替换刀片，从而形成了稳定的客户群体，并实现了客户的高频购买。

这种商业模式的成功之处在于，它有效地将一次性的耐用品转变为了可重复消费的消费品，确保了长期稳定的收益。

不过，巴菲特并没有像长期持有可口可乐股票一样持有吉利，几年后，他把吉利出售给了宝洁。原因之一是这种模式被很多同类公司采用，失去了模式领先优势。

可见，商业世界绝不存在"一招鲜，吃遍天"的情况，模式也是"时间的易碎品"。这就要求企业在商业模式上有**迭代更新的能力**。

三生当年选择直销，无疑属于模式领先，但随着时间的推移，直销的老打法早已不再吃香，三生通过直销的进化与商业模式创新，依旧保持强劲的势头。

随着互联网的发展，三生推出了电子商务网、地面服务网、消费联盟网互动结合的"三网合一"创新营销方式；后来，又通过数字化升级创新推出"有享云商"的商业模式，实现了制造、销售、交易、服务保障等全链路打通；为了适应个人经济体时代的发展，三生推出"有享链商"的模式，该模式不仅整合了线下实体店，还将电商、微商、网商、播商、云商等线上平台一网打尽，开创了数字经济时代的商业模式。

正是商业模式的创新和迭代，构建了领先时代的个体创业平台，为个人经济体提供了肥沃的土壤，使其向阳生长。

维度四：长期领先

巴菲特认为，明星企业往往具有三个特点：过去一直领先；现在有超级经济特许权；未来有长期优势。

长期关注明星企业就会发现，当前经营能力和盈利能力最好的企业，在过去经营能力和盈利能力也相当好。

以可口可乐为例，这家公司在过去一个多世纪里不仅持续领先于饮料行业，而且通过强大的品牌影响力、广泛的分销网络，成功地增强了其市场地位。

要保持领先，一个核心优势就是有经济特许权。巴菲特将其称为企业的"护城河"。可口可乐的神秘配方，就是"超级经济特许权"。

直销是一种全球领先的市场模式，但在中国，企业从事直销经营必须获得商务部颁发的直销经营许可证——这是一种绝对稀缺的超级经济特许权。

早在2006年8月，三生就获得直销经营许可证，成为浙江省第一家拿到直销经营许可证的企业。正是这个超级经济特许权，让三生获得了长期竞争优势，这个优势也成为平台上众多个人经济体的核心优势。

过去和现在保持良好势头是企业成功的重要因素，但长期拥有竞争力才是制胜的关键。

企业需要不断优化自身、调整模式，才能顺应市场大趋势。

2024年2月，掌舵抖音集团多年的张楠辞去集团CEO一职，转而负责抖音旗下的视频剪辑软件剪映。此时，抖音所处的短视频赛道已进入成熟期；相比之下，AI势头正劲，剪映或将成为抖音探索AI的突破和触角。

三生又是怎么做的呢?

在产品上,三生将传统中医与生物工程相结合,与中国食品发酵工业研究院研究中药发酵;在商业模式上,整合互联网公司和快消品平台资源,实现"万物皆可互联、万品皆可引流、万业皆可成交"模式——该模式被称为颠覆性的创新模式。

这是电商领域中第一家提出该模式的公司,旁人无法复制其知识产权。

与此同时,三生紧扣时代变化,在个人经济体领域不断发力,提出打造个人经济体梦工厂的战略,并推出四大支持体系与六大赋能链路。

三生相信,不久后,会有更多的伙伴在三生事业平台上成为成功的个人经济体。为了实现这个目标,公司将不断完善平台、提供爆品打造工具、升级技术、全面赋能,让更多有创业梦想的伙伴通过三生平台链接各类社会资源,成为具有非凡影响力的个人经济体。

华为长盛不衰的秘诀是它的"阶跃理论"。

很多企业在产品进入衰退期后,才会研发或推出新的迭代产品,但华为会在产品处于上升期时就推出新产品——**于是,华为的每一次进步不是在前一轮增长周期的尾部而是在高位进行跃迁,这个"阶跃理论"让华为成为全球瞩目的企业。**

抖音、华为、三生等企业,其实都在有意无意地运用"阶跃理论"来保持基业长青。

只有基业长青的企业,才是个人经济体的最佳创业平台。

第二节

生态布局：卡好生态位

生态兴，则企业旺。

张瑞敏说，如果现在你还停留在产品层面，那将没有出路，应该设计生态体系。商业的世界，没有孤岛。生态商业有三个层次：围绕消费者打造的产业生态，满足消费者全场景需求；围绕合作伙伴打造的创业生态，创造协作共赢的创业环境；围绕社会责任打造的社会生态，你存在的意义，在于你解决了多少社会问题。

2024年3月19日晚，退隐"江湖"两年多、鲜少公开露面的海尔集团创始人张瑞敏携新书《永恒的活火》做客董宇辉直播间。

董宇辉问张瑞敏："俞老师让我现在负责这家公司，我这样年轻的创业者应该怎么做好经营啊？"

"如果现在你还停留在产品这条路上，绝对没有出路——你需要设计生态体系。"张瑞敏一语惊人。

生态商业有三个层次：围绕消费者打造的产业生态、围绕合作伙伴打造的创业生态、围绕社会责任打造的社会生态。

不同企业属性、不同发展时期，打造的生态各有不同。

三生在10多年前就推出了"6R生态圈"。

这个生态圈把三生自己置身于一个与社会和自然息息相关的生态体系当中，不断整合全球最优资源，通过产业集群，把自然、健康、安全、优质的产品带给全球的家庭，以共生、共建、共赢、共荣的方式，努力为政府、员工、伙伴、顾客、行业、环境、社区等各利益相关方创造价值，促进企业与人、社会、自然的和谐共处及企业永续发展。

布局产业生态：满足全景式需求

个人经济体创业平台的产业生态，是围绕满足消费者全方位需求而构建的机制。

什么是"产业生态"？用张瑞敏的话说，产业生态就是通过供应链，与用户联合共创，围绕用户发掘场景诉求，打造产品矩阵。产业生态的最终目标是"围绕场景满足需求"。

那么，为什么要做生态呢？张瑞敏娓娓道来：

"想象一下下班回家的场景，你回到家，开了门，灯自动亮起，窗帘拉上，空调和热水器运行到适宜温度，电视播放你最喜欢的节目——这是多么幸福。"

为了满足这些需求，海尔打造了纵向的家庭电器产品集群，再以"智能交互引擎"作为底层的物联网平台。

"我们的智能交互引擎是多对一，大家围着它就行了。整个体系对着客户，服务他们所有的个性化需求。"张瑞敏说。

统筹内外部一切力量，让用户在每个场景都"爽"起来。这就是张瑞敏的生态愿景，也是他退隐江湖数年的核心抓手。

生态兴，则企业旺。

张瑞敏口中的海尔生态模式，是如今生态商业的一个缩影。

作为一名互联网老兵，小米创始人雷军凭借对市场的敏锐洞察、对用户的深刻理解，让小米手机如同磁石一般吸粉无数，凝聚起一群名为"米粉"的忠实拥趸，打造了名震世界的"小米系"，这就是典型的产业生态。

在大健康直销领域，三生围绕用户需求，以其独特而全面的纵向视角，展现了产业生态的另一番风采。

在三生看来，用户需求首先得通过产品来满足。

三生秉承"做好产品，产品做好"的理念，凭借一款御坊堂海狗丸起家，根据市场需求不断地衍生产品线。从单一健康产品到多款健康产品，再到以东方素养为代表的系列功能营养食品，进而到护肤品、生活用品等领域，三生的产品涵盖了消费者生活的各个方面。

这自然给平台上的个人经济体提供了更多的机会。

除了产品方面的单点突破，三生还打造了产业集群的闭环，围绕消费者全生命周期健康管理的需要，构建了以"测、调、保、疗、养"五位一体为核心的全生态链健康产业集群的多元化布局。

这一综合布局，涵盖健康检测、科学调理、专属保障、精准医疗、健康养生等重要步骤。

健康检测

三生依托先进的技术，打造集基因检测、肿瘤筛查、皮肤检测、虹膜检测、氨基酸质谱、AI云健康检测等先进检测方法于一体的高端综合体检中心，为消费者提供高水准的健康检测服务。

通过大数据的运用，为消费者打造个人专属的健康云数据库，为消费者提供实

时的健康管理指导。

科学调理

通过对健康检测数据的分析和运用，三生结合传统中医养生文化和现代科学保健理念，将"外调"与"内养"相结合，为消费者提供专属的科学调理方案和优质的健康产品。

运用经络调理、脏腑调理、皮肤护理和滋养排毒等科学调理手段，为消费者提供多方位的生命素养管理，为消费者带来身心平衡的健康生活方式。

专属保障

三生的专属保障基于个人的健康云数据，从每个人的实际需求出发，联合国际各保险集团，量身定制高性价比的各类保险产品和保险服务，为消费者及三生会员提供保障。

精准医疗

三生依托健康检测及科学调理大数据，利用先进细胞技术，为消费者带来基于细胞技术的精准医疗。此外，三生还利用平台优势整合健康产业集群中的医疗资源，为消费者提供对接医疗机构的导医服务。

健康养生

三生致力整合国际资源，创建全方位全龄化健康养生新生活、高品质多层次健康养生新方式，引领健康养生生活方式。

以上围绕"一类客户、系统服务"的纵向生态，彰显了三生对健康产业的深度理解，让参与其中的个人经济体更易于提升客户满意度、忠诚度。

丰富的产品线、纵深的全生命周期健康管理服务体系，让三生的事业伙伴有更多"向上销售"和"向下销售"的机会。

这些案例充分展示了**构建产业生态的重要性**，通过多重服务满足一类客户的不同需求，实现了平台的可持续发展和市场竞争力的提升，也为个人经济体提供了更多的成交机会和更高的成交频次。

优化创业生态：创造协作共赢环境

平台生态不能光靠产品、服务，还要依托千千万万参与其中的个人经济体。而平台竞争的本质就是抢人——吸纳更多优质的个人经济体入驻。

抢人的竞争力，则是平台赋能个人经济体创业的能力。谁能帮助创业者成功，谁就能抢到人，谁能抢到人，谁就能成功——这是平台时代竞争的不二法则。

那么，平台如何帮助创业者创业成功？核心就是围绕创业需求，提供不同层次、不同诉求、不同阶段的创业赋能系统，为创业者提供全生命周期创业赋能。

字节跳动旗下的抖音App自2016年上线以来，迅速积累了庞大的用户群体，成为短视频领域的领军者。

然而，随着平台的不断壮大，如何有效帮助平台上数以百万计的内容创作者实现个人品牌建设和商业价值转化，成为抖音面临的一大挑战。

于是，抖音开始了一系列战略调整——从抖音课堂到剪映工具，再到星图和精选联盟，每一步都包含了对创业者的支持。

抖音课堂提供如何起号、撰写文案、拍摄和剪辑视频等课程，既适合小白，又适配进阶人员；抖音热点追踪工具可以帮助创作者捕捉热门话题，激发创作灵感；剪映工具简单易用，能剪出好莱坞大片的感觉；数据分析工具帮助内容创作者更好地了解观众的喜好，让其作品更受欢迎；变现渠道则滋养其持续创作，创作者通过星图、精选联盟能够得到丰厚的回报。

这些举措让抖音成为全球最具竞争力的个人经济体创业平台之一，抖音平台上涌现出众多非凡的个人经济体，比如董宇辉。

只有创作者好了，平台才会好；只有个人经济体成功了，平台才能成功——这让平台竭尽全力去帮助每一个个人经济体创业。

没有哪种商业模式会比个人经济体创业平台更具利他思维。

三生之前立志打造创业平台，在个人经济体大潮到来之际，它将这一愿景升维为"打造个人经济体梦工厂"。

2024年，三生根据南京大学社交商务研究中心个人经济体实验室的"数字蜂巢个人经济体平台赋能模型"，以四大支持体系、六大赋能链路为基础，搭建了"让创业更简单"的个人经济体赋能系统。

四大支持体系分别是明星企业、生态布局、数字领先、安全保障，四者共同构成了个人经济体创业的基石；六大赋能链路则按照"先帮人、后帮货"的逻辑，帮助个人经济体在平台上取得成功，从平凡走向不凡。

与许多企业一味强调"卖货"不一样，三生注重"先帮人"。帮人学到了卖货技能，货才能卖得掉，否则就是市场上所谓的"库存转移"，俗称"割韭菜"。

三生的"先帮人"，体现在价值链引领心智、成长链提升能力、品牌链提升影响三个方面。三生认为，打造健康的创业生态要从"心"出发，即通过价值链引领创业者的心智模式。三生倡导的"自尊敬人，惠人达己"理念不仅仅是一种道德准则，更是激发内在动力的源泉。

成长链提升的是人的综合能力。三生通过训战模式，通过"学练考赛"的训战体系，打造新人起步、精英培育、成长晋级的全生命周期个人成长模式。哪怕是一个小白，也能在不断学习和训战中得到成长。

品牌链则是个体能力的外化。企业有品牌，产品有品牌，个体也应该有品牌，这已经成为商业社会的共识。

"品牌就是IP，IP就是流量，流量就是销量。"在强调流量转化的年代，如何通过品牌获得流量，通过流量转化获得市场效益，成为最基本的创业思考。

三生围绕企业品牌、产品品牌、个人品牌三大品牌打造品牌链——做企业品牌是为了孵化个人品牌，做个人品牌最终是为了变现产品品牌。

三生为创业者推出"个人经济体梦工厂IP打造工程"项目，让每个个人经济体都能成为IP，通过IP赋能，让创业更具外化力量。

三生的"后帮货"则体现在"供应链让你'卖好货'，营销链让你'好卖货'，服务链让你'安心卖货'"。

三生深知，优质产品是创业的基石。因此，公司投入巨资建立了高标准的供应链管理体系，确保原料、采购、成品、出厂等每个环节都是国际一流水平。

三生宁可少赚钱也不降低产品标准，不但用匠心做产品，而且升级管理模式，确保产品质量生命线。

营销链的打造，则是三生创业生态的另一大亮点。公司整合线上线下资源，通过大数据分析、精准营销等手段，帮助创业者高效触达目标用户，实现产品销量的持续增长。

同时，三生还建立了完善的服务链，从售前咨询到售后服务，全方位保障消费者权益，让创业者无后顾之忧，专注于业务拓展。

协调社会生态：企业的价值在于解决多少社会问题

企业从来不是一座孤岛，更不可能在纷繁复杂的社会中独善其身。

近年来，企业社会责任（corporate social responsibility，CSR）越来越受关注，甚至成为衡量一家企业优劣的标准之一。

CSR是指企业在创造利润、对股东和员工承担法律责任的同时，还要承担对消费者、社区和环境的责任，履行企业的社会责任，要求企业超越把利润作为唯一目

标的传统理念，强调在生产过程中对人的价值的关注，强调对环境、对消费者、对社会的贡献。

华为创始人任正非经常说："作为企业，我们不仅要创造商业价值，更要为社会创造价值。"这句话不仅体现了华为的企业哲学，也是其行动指南。

在5G进军国际市场遇到挑战时，华为始终坚持将当地通信需求放在首位，并坚守企业诚信，这种坚持让其赢得了全球赞誉。

在履行社会责任方面，华为更是积极行动。比如2011年日本大地震期间，华为第一时间组织员工抢修通信设施，保障了救援工作的顺利进行。该举动经新闻报道后，不仅赢得了当地政府的高度评价，更在当地民众心中树立了华为勇于担当的形象。

这种CSR理念为企业构建了和谐的社会生态，支撑了企业的可持续发展。

美国学者马修·比索普和迈克尔·格林曾提出"公益三阶段"理论：以"捐"（捐赠金钱）为核心的1.0版本；以"助"（不仅捐钱，还贡献时间、精力和脑力）为核心的2.0版本；以"创"（把解决社会问题的创意转变为产品和服务）为核心的3.0版本。

相较之下，三生的社会公益之路并不是从1.0到3.0的递进式演进，而是将"捐""助""创"的公益思路注入企业发展中，并最终达到"融"的境界。

盘点三生20年公益历程，不仅有"捐""助""创"，还将公益理念融入了企业文化中，融入了每个合作伙伴的日常行动中。

捐

截至2024年10月，三生累计捐款捐物总价值超过1.5亿元，并带动超过10万人次参与各类社会公益活动。这些活动不仅直接帮助了需要帮助的人群，还引发了社会各界对公益事业的关注和支持。

助

三生开展了多项公益活动，包括"爱心1+1"先心病儿童救助活动、"手拉手"留守儿童关爱活动、"平安共建"关爱少儿安全健康活动、"低碳·健康家生活"家庭环保工程等，涵盖扶贫济困、助学帮教、抗震救灾、抗疫、敬老等领域，不断传递"爱心1+1"的公益理念。

创

良性的公益行动不仅授人以鱼，更授人以渔。近年来，共同富裕成为政府屡屡提及的关键词。三生响应共同富裕的号召，开启了新一轮公益探索。

2021年，三生着手进行筹备，将产业化助农纳入企业产业链发展，在道地中草药产区建设"三生助农共同富裕区"。

从"输血"到"造血"，三生通过这一创新公益模式，帮助当地居民寻找自身长期发展的模式，带动其参与到整个社会经济的流通过程中来。

融

截至2024年10月，三生已发布了三份企业社会责任报告，以负责任的行动朝着社会责任目标迈进，同时，建立了由社会、行业、环境、顾客、伙伴、员工组成的6R社会责任指数系统。在行业板块，三生承诺健康合规运营、打造责任价值链、推动创新发展；在环境板块，三生承诺环保生产、节能降耗、提高资源利用率。

未来，三生将持续提供优质产品和服务，承担社会责任，促进一站式健康管理服务的健康产业集群高质量发展，为健康中国建设贡献力量，同时也为践行企业社会责任、构建和谐社会而努力。

第三节

数字领先：抢占制高点

> 成功的关键在于知道你的客户是谁，以及他们想要什么。
>
> ——迈克尔·波特

在这个数字化的世界里，个人经济体必须找到具有强大数字化能力的平台来支撑自己。数字技术具有资源、技术壁垒，需要调用大量力量和聚集大量用户、数据，才能形成规模效应——这些特点决定了个人经济体无法独立完成数字化转型，必须依托平台提供的技术支持和服务来实现转型。

在硅谷一间不起眼的办公室里，一群极客正在秘密开发一种能够改变世界的AI技术——这就是OpenAI的起源。

由埃隆·马斯克、山姆·奥特曼等人共同创立的OpenAI，起初的目标是促进和发展友好的人工智能，使之成为普惠技术。

我们正身处数字化时代，以OpenAI为代表的数字化技术是撬动时代发展的关键要素。

有了被数字化技术驾驭的数据，工厂生产更快了，超市结账、银行算账更快了，一切行业的生产效率都在以无法想象的速度提高……

这得益于众多的技术创新者，创新者们开发的先进算法能够处理海量数据，为平台、个人提供支持。

在这个数字化的世界里，个人经济体面临着巨大的机遇与挑战——他们不能再单兵作战，而是必须找到具有强大数字化能力的平台来支撑自己。

原因在于，数字技术具有资源、技术壁垒，需要调用大量力量和聚集大量用户、数据，才能形成规模效应。

这些特点决定了个人经济体无法独立完成数字化转型，必须依托平台提供的技术支持和服务来实现转型。

优质平台能提供一系列数字化工具和服务，帮助个人经济体克服资源、技术、成本方面的障碍，并通过网络效应带来更多的商业机会。

三生正是一个能以数字技术赋能个人经济体的优质平台。它通过"聚、汇、通、用"四个阶段的努力，助推个人经济体从移动互联网阶段进化到智能化阶段。

聚，聚合全域业务，实现九大在线。三生通过建立业务中台[①]，支持全域经营与体验升级，实现了产品在线、业务在线、服务在线、教育在线、活动在线、营销在线、终端在线、展业在线、客服在线九大在线服务。

汇，汇集全链数据，驱动运营决策。三生通过构建"数据大脑"，即数据中台加上智能推荐系统，实现了数据的集成与智能分析，进而驱动更高效的运营决策。

通，通晓客户心智，沟通服务赋能。三生利用微信、企业微信和享脉等平台，打造完整的个人经济体社交生态，实现了与客户的深度沟通和服务赋能。

[①] 前台是指与客户直接互动的岗位，如销售经理、客户服务代表等岗位。中台是指支援前台工作，为前台提供专业性管理和指导、进行风险控制的岗位。相对应的概念还有"后台"。后台是指幕后职能岗位，如结算、清算、会计、人力资源等岗位。

用，用心持续探索，黑科技实用化。三生探索开发了直播带货平台、元宇宙沉浸式购物便利店、区块链大宗商品交易平台、数字人语音视频生成系统、大模型AI助理等创新应用，始终走在数字化转型的前沿。

通过这些努力，三生为个人经济体带来更好的体验、更强的营销能力、更高的私域黏性和更快的运营效率，成为个人经济体平台数字变革的成功典范。

在过去，创业过程仅需要数字化工具的加持。如今，只有掌握了数字化新技术才能成功创业——找到合适的数字化平台，是个人经济体通往成功的必经之路。

业务聚合：提升项目完成率的利器

数字化能力的第一个要素是业务聚合，核心是建立数字化业务中台，并将产品、服务放到线上。这一点，对个人经济体至关重要。

通过打造数字化业务中台，阿里巴巴曾让无数商家获得实惠。

2015年的阿里巴巴拥有规模庞大的个人会员和企业会员，业务种类纷繁复杂，业务之间交叉依赖，导致其不能及时响应业务的要求。最终结果是平台上的万千商家面临着响应时间延长、服务不一致等问题，业务处理效率和客户体验受到影响。

为了解决这一问题，阿里巴巴将产品技术力量和数据运营能力从前台剥离出来，使之成为独立的中台，并搭建一个自助式线上服务门户，为前台（零售电商事业群）提供服务。

中台允许前端业务部门自主选择需要的服务和资源——这种按需索取的方式不仅简化了流程，还赋予了业务团队更大的灵活性。

这一战略能让商家更快地获得所需的支持和服务，提高了业务处理效率，提升了商家的满意度，为阿里巴巴在市场竞争中保持领先地位打下了坚实的基础。

打造业务中台，同样是三生作为直销行业个人经济体平台取得成功的基石，也是其实现持续创新的关键因素。

三生坚信，要实现业务持续增长，就必须紧跟数字化步伐，学习领先的企业架构，不断突破自我。

因此，三生在业务中台维度全面建成了"链接、便捷、协同、赋能、共生、闭环"六大能力，再加上九大在线服务，使得三生平台上的个人经济体可以得到及时有效的支持，更加便捷地访问所需资源和服务，更加便捷地在线上开展业务活动，使项目完成率大幅提高。

通过这些举措，三生不仅提升了自身数字化能力，还为个人经济体带来更高的项目完成率。目前，三生的项目完成率在95%以上，这展现出三生的远见和决心。

数据汇集：引领和满足需求的关键

建立数字化业务中台只是个开始，还需要提供"数据汇集"，通过连接、整合数据，实现更精准的决策支持。

还是以阿里巴巴为例。打造了业务中台后，阿里巴巴即刻开启了一场"数据革命"，核心是汇总平台数据，让这些数据为商家赋能。

第一，只有洞察先机，才能引领需求。

通过收集用户的浏览记录、搜索历史、购买行为等大量数据信息，阿里巴巴开发了一套复杂算法来预测用户的兴趣和需求。

例如，如果某个用户购买了一本特定类型的书，算法会分析该用户可能感兴趣的其他书籍，并推荐给该用户。同时，阿里巴巴还采用了机器学习技术来优化推荐结果，进一步提升用户体验。

这种个性化推荐系统，不仅为用户提供了更加个性化的购物体验，还显著提高了用户的购买转化率。

第二，只有数字驱动，方可决策制胜。

为进一步优化用户体验、提升企业运行效率，阿里巴巴还利用数据分析来辅助各商家做决策。这些数据分析报告不仅涵盖销售数据、库存状态，还包括客户满意度、市场反馈等多个方面，为阿里巴巴的持续增长提供了坚实的数据支持。

通过分析客户反馈和服务记录，商家能识别出服务质量的问题点，并及时改进。例如，如果某一类产品频繁出现退货或投诉，商家可能会立即采取行动，以确保产品质量和服务水平。

通过对历史销售数据的分析，商家能预测哪些产品在未来一段时间内会有高需求，从而提前备货，减少缺货情况的发生；此外，通过分析用户的位置数据，商家还能优化仓储物流路线，加快配送速度。

从文具到服装、从白酒到零食……千千万万个商家依托阿里巴巴的数据服务，能够更好地理解业务表现和市场趋势，从而做出更明智的决策。

数据汇集同样适合三生所在的直销领域。

在直销行业，数以万计的个人经济体与用户交织成一个庞大的网络，其中产生的数据繁杂且庞大，数据的有效汇总和使用变得至关重要。

在这样一个场景中，每个数据点都像是夜空中的一颗星星，平台需要做的就是将这些星星连成指引方向的星座。

正是基于这种背景，三生构建了强大的"数据大脑"。

这一"数据大脑"集成了实时与离线的大数据中台，不仅汇集了海量的数据，还通过标签中心和决策报表系统，实现了对业务数据的分析与管理。

为确保决策的准确性和有效性，三生每年都会新增或优化超过100张大数据分析报表——通过这些报表，三生管理层及参与其中的个人经济体能清晰了解业务表现、市场趋势及客户需求的变化，并做出更加精准的决策。

这一系列数据分析工具提升了三生平台上个人经济体的决策质量，增强了个人经济体与终端用户的有效互动，推动了业务持续增长。

从这些例子可以看出，数据汇集不仅有助于个人经济体理解用户需求，还能帮助企业提供更加个性化、高质量的服务，从而使企业在竞争激烈的市场中脱颖而出。

通达需求：触达终端的力量

著名管理学家迈克尔·波特说："成功的关键在于知道你的客户是谁，以及他们想要什么。"

信息、服务如同埋藏在深山中的宝藏，即便价值连城，若无人知晓其存在，也终将沉寂于世。

因此，只有通达需求，数字化才能实现其真正的价值。

这意味着，平台需要建立有效的客户渠道，并基于这些渠道进行互动来提供更为精准的产品和服务。例如，利用微信、企业微信或自有App等渠道。

以欧莱雅为例，作为"被美妆耽误的科技公司"，欧莱雅不再满足于收集和分析数据，而是将这些洞见转化为行动，通过多种数字化渠道，增强客户黏性。

欧莱雅全球CEO叶鸿慕深刻意识到，消费者寻求的不只是产品本身，他们更渴望获得附加的服务和体验，希望这些元素能融入他们的生活。

为此，叶鸿慕积极推动数字化转型，强调利用各类社交媒体等工具，实现沟通无界、触点无限，让消费者获得及时的支持和个性化建议。

最受益的是千千万万个专柜店长与柜员。通过数字化转型，专柜店长与柜员得到多方面的支持和优化。

以企业微信为例，当顾客在专柜购买欧莱雅产品时，店员会邀请顾客加入在企

业微信上创建的多个美妆顾问群，美妆顾问通过群聊为顾客提供各类服务。

首先，提供个性化美妆建议。美妆顾问一对一了解顾客的具体需求，并提供个性化美妆建议。例如，如果顾客有敏感肌肤，顾问会推荐适合敏感肌肤的产品。

其次，提供在线课程与教学。欧莱雅定期在企业微信群聊中举办在线美妆课程，邀请专业化妆师分享化妆技巧，增加顾客的美妆知识。

最后，进行顾客社群建设。欧莱雅通过微信群构建了顾客社群，鼓励顾客之间分享使用心得和经验，形成积极的社群氛围。美妆顾问会在群聊中发起互动问答活动，鼓励顾客提出问题，并及时解答。

通过这些举措，欧莱雅专柜店长与柜员得到更多与顾客互动的机会，提升了顾客对产品的认知度和信任度，增加了顾客复购率。

从以上举措可见，通达需求的数字化应用，在平台提升用户体验、提升会员忠诚度等方面发挥了重要作用。

三生也深知直销行业存在的挑战。

直销行业涉及人数众多，需要进行及时有效的沟通和维护。这意味着个人经济体需要建立有效的客户沟通渠道，并基于互动来提供更精准的产品和服务。

为此，三生在微信群、企业微信的基础上，打造了支持十人语音、百人群聊、千人会议、万人直播、十万社群等功能的自有App"享脉"。

"想买想卖，用享脉"——享脉具备单聊、语音、视频、群聊、在线会议、自主直播等功能，构建了完整的个人经济体社交生态体系。

第一，沟通赋能。享脉不仅支持常规的聊天功能，还强化了群聊和在线会议功能。通过享脉，合作伙伴能轻松地与顾客建立联系，为顾客提供个性化产品推荐和服务。

第二，社群管理。享脉支持创建主题社群，合作伙伴能根据不同产品类别或兴趣爱好组织社群，进行有针对性的营销活动，这有助于提升顾客参与度、忠诚度。

第三，培训资源与营销工具。比如，App内设置的培训模块涵盖了产品知识、销售技巧等内容，合作伙伴可以随时随地学习。

第四，独立生态体系。享脉作为独立生态体系，个人经济体能根据自身特点制定相应的策略，实现千人千面的运营模式。这种灵活性有助于适应市场变化。

通过采取以上举措，个人经济体提升了顾客对产品的认知度、信任度，增加了顾客复购率。

从以上举措可见，数字化在个人经济体拓客、提升合作伙伴忠诚度等方面发挥了重要作用。

创新应用：持续领先的核心

创新是区分领导者和追随者的标志。

——史蒂夫·乔布斯

一时领先不难，难的是持续领先。数字化时代的特点是技术迭代快速，个人经济体要及时应用先进技术来提升业务效率和创新能力，以保持竞争优势。

可见，数字化持续推进的要素，就是以AI为核心的创新应用。

随着ChatGPT的横空出世，未来只会有两类人：一类是在AI之上的，能驾驭AI、超越AI的人；一类是在AI之下的，比不过AI、被AI替代的人。

"不炫技，只解决实际问题"，阿里巴巴国际站"AI生意助手"就是AI创新应用的典型案例。

外贸涉及的环节众多，包括但不限于市场调研、产品开发、生产制造、物流配送、客户服务等，每个环节都要有高度的专业性。此外，不同国家的语言差异使得

沟通成本居高不下，这些都是传统外贸企业面临的挑战。

针对上述环节，AI生意助手进行了多种突破。

第一，提高了工作效率。

外贸商家们过去需要花费大量时间来撰写商品标题、关键词、详情描述，并上传图片和视频。

随着AI技术的进步，这一切变得异常简单。只需要上传一张产品图片或输入几个关键词，AI生意助手就能自动生成整套商品信息，整个过程仅需60秒。

某商家的外贸业务员和AI进行了一次PK——业务员上传一个商品链接大约需要十几到二十分钟，且一个星期都没带来任何询盘；而AI只需要两分钟就能搞定，当天就有两位客户来询盘了。

第二，降低了运营成本。

在客户接待方面，AI自动接待功能可以在商家休息的时候帮忙自动接待新客户，解决了因时差而造成的客户流失问题。

例如，某商家的客户集中在欧美地区，以前业务员为了和欧美客户保持时间上的一致，每天要到凌晨三四点才能睡觉。现在有了阿里巴巴国际站AI生意助手自动接待客户，业务员不必熬夜，平均回复时长也从之前的3小时缩减到了0.77小时。

第三，发掘了新的商机。

AI生意助手还能助力商家发掘新的商机。某商家借助AI生意助手的智能分析功能发现了移动房屋这一全新商机，并据此开辟了新的销售品类。在上线该品类的第一个月，便成功实现了300万元的销售额。

从效果上看，经AI生意助手优化的商品，整体支付转化率提升了50%。

直销行业具有低门槛、高参与度的特点，参与其中的个人经济体的文化水平相对较低——这正是AI发挥其最大潜能的理想场景。

在AI技术蓬勃发展的背景下，三生从实际情况出发，延续当前数字化建设的落地成果，制定了"数智化五五规划"：

围绕AI元年的"AI业务化·健全触点"，推出集多种AI智能检测方式于一体的AI云健康系统，打造以AI客服"小优"为样板的十大AI个人经济体助理矩阵，实现企业微信、享脉、中台互通互访触点一体化，以及打造技师健康服务到家等未来AI触点。

围绕AI直销的"AI用户化·降维增长"，将打磨后的十大AI个人经济体助理推给用户使用，并着手探索具有执行能力的AI智能体的落地方案。

围绕AI生态的"AI产业化·智慧集团"，将带执行能力的AI智能体推给用户使用，并将AI助理和AI智能体成果赋能给集团子公司等中台外部生态。

围绕AI养老的"AI家庭化·居家养老"，构建AI虚拟健康管家，以AI模式探索创新养老方案，并对症提供推荐产品和服务。

围绕AI出海的"AI国际化·智慧出海"，基于当前国际用户基础，以及未来AI整体能力提升，推出AI翻译并修正国家之间存在差异的"有享云商"国际版，AI智能体赋能国际经销商及用户等创新直销模式都将变为现实。

在这个不断变化的时代，个人经济体只有拥抱数字化新技术，才能在激烈的市场竞争中立于不败之地，开启充满无限可能的新篇章。

第四节

安全保障：守住发展线

> 富贵稳中求。

巴菲特说，看好你的管道，有保障，赚钱才安全。尽管我们赞美"富贵险中求"的英雄，但更倡导"富贵稳中求"。个人经济体创业最大的风险，还是来自平台，皮之不存，毛将焉附？构建由守法经营、诚信经营、稳健经营、外部保障构成的安全保障体系，让你的事业在安全环境中不断壮大。

在中国商业社会中，有个特别的群体——商帮。

中国有晋商、徽商、潮商、甬商等多个商帮，商帮除具有互助互利等共性外，又各具个性。晋商注重票号汇兑，徽商注重多元经营，潮商注重海外贸易，甬商注重海洋经济。

甬商又称"宁波帮"（宁波简称"甬"）。历史上的宁波土地贫瘠，但靠山吃山，靠海吃海，当地人便出海打鱼，形成了开拓创新的精神；旧时安全设施不够，当地人每次出海都冒着巨大的风险，这让他们养成了注重安全的性格。甬商一直是集开拓创新、安全保障于一体的"矛盾统一体"。

三生，便是起源于宁波的企业。

有句古话"富贵险中求"曾激励了许多人。但**在三生看来，"险"要把握安全边界，一般人难以做到这一点，求取富贵，务求有安全保障，做到"富贵稳中求"**。

如果人人都能在险中求到富贵，那就没有"神话"流传的必要了。我们绝大多数人都是平凡人，去险中求富贵，无异于飞蛾扑火。我们可以赞美那些富贵险中求的成功者，但应该反其道而行，选择"富贵稳中求"的稳健发展之路。

这句话放到创业上更为合适。

一蹴而就的，不是"创业"，而是"投机"。

创业应该投资，需要长时间积累，就像砌管道一样，要做时间的朋友。

个人经济体在平台上创业，其安全保障首先来自平台。

先假设一些负面可能。

如果你做网红创业，辛辛苦苦积累了几十万、几百万粉丝，但平台不安全，哪天说倒就倒了，也许你刚有收益，就一切归零了。

或者你建立市场团队，好不容易建立起了收入的管道，但平台哪天轰然倒塌，就一切都付诸东流了。

典型的正面案例则是阿里巴巴。

阿里巴巴的平台上活跃着数以万计的商家，其安全管理体系涵盖信用管理、身份认证、网络安全等方面，确保网站、数据及交易安全。这些措施的实施，为淘宝、天猫等提供了坚实的后盾，使它们能在激烈的市场竞争中一直保持领先地位。

三生一直以来都十分注重安全体系的搭建，建立起了以守法经营、诚信经营、稳健经营、外部保障为四大支柱的安全防御体系。

守法经营

天大地大不如法大。在任何国家和地区，合法经营都既是底线，又是红线，更是高压线。

守法经营，就是要"守住底线，不触碰红线，心里装着高压线"。

守住底线，就是依照法律法规办事，不存侥幸心理。

许多人认为，法律法规束缚了企业发展，这完全是一种自欺欺人的想法。

恰恰相反，只有合法合规，企业才能稳定经营、拓展业务、吸引投资，实现长期稳健发展。违法行为不仅会阻碍企业正常发展，还可能引发一系列连锁反应，导致企业陷入困境。

因触犯法律法规而遭遇灭顶之灾的企业案例，可谓不胜枚举。

三鹿因为在奶粉中添加三聚氰胺以提高蛋白质含量检测值，导致婴幼儿患肾结石甚至死亡，引发全国范围内的食品安全恐慌。三鹿破产，多名企业高管被判刑，这些事件导致品牌彻底崩溃。

长春长生生物在生产狂犬病疫苗的过程中，存在记录造假等严重违反国家规定的行为，导致测定数据不真实。最终，企业被罚款91亿元，其股票被强制退市，多名高管被捕并被判刑。

在直销界，此类事件更是不胜枚举——红极一时的权健、华林因违反法律法规，最终灰飞烟灭，直销帝国一夜之间轰然倒塌。

遵守法律法规，绝不是约束，而是对企业的保护。

旧时宁波人出海，没有安全措施，只能靠天吃饭，所以，他们尊重自然规律、敬畏自然，在出海之前会观测天气，遇到不能出海的天气绝不出海——这是最大的保障。

在企业经营管理中，尊重自然规律则外化为合法经营。

在三生看来，法律是底线，不容触碰。

在中国从事直销业，必须获得商务部颁发的直销经营许可证——这是一张成本高昂的通行证。

许多企业对直销经营许可证门槛望而生畏，不肯花费资金去达到申报直销经营许可证的条件，而是企图瞒天过海或明修栈道，暗度陈仓，冒险经营。以网络传销等形式进行经营的现象更是层出不穷。

但在三生看来，要从事直销经营就必须坚守法律底线。为此，三生历尽艰辛，于2006年8月18日获得全国第六张、浙江省第一张直销经营许可证。对三生而言，这张牌照不仅是其合法经营的基础，更是其长期稳健发展的关键因素和核心竞争力所在。

不触碰红线，就是时时把握政策动向，把握安全边界。

三生始终坚持以政策为导向，深入解读政策信息，密切关注国家关于健康产业及直销行业的政策法规，及时调整企业战略和业务模式，确保企业在规范健康发展的轨道上运行。

在2024年国家市场监督管理总局举办的一次直销管理座谈会上，三生郑重承诺："将坚决杜绝和抵制一切传销、挂靠等违法行为，对任何损害消费者权益的行为零容忍，并将日益完善消费纠纷处理机制，确保消费者的声音得到及时、公正的回应，以实际行动维护消费者的合法权益，推动直销行业健康、可持续发展。"

这一承诺得到与会领导和同行的高度赞誉。

20年深耕发展，三生始终要求全体营销人员坚持依法合规经营，共同维护消费者合法权益，共同维护市场良好发展秩序，以自律赢尊重，以规范促发展。

心中装着高压线，是指在市场经营管理过程中，不管是企业管理人员还是市场业务人员，都要心存对法律法规的敬畏，知法懂法守法。

企业仅要求经营管理者遵守法律法规还远远不够，还需要员工和相关人员也知法懂法守法。否则，千里之堤，溃于蚁穴。

巴林银行就是典型的反面例子。

巴林银行是一家历史悠久、地位显赫的英国老牌贵族银行，就连曾经世界上最富有的女人——伊丽莎白女王都信赖它的理财水准，是它的长期客户。

然而这家银行却毁在一个职员手上。

尼克·李森是国际金融界"天才交易员"，曾任巴林银行驻新加坡分部期货与期权部门总经理、首席交易员。1995年1月17日，日本神户大地震，其后数日日经指数出现了大幅波动，尼克·李森买进大量日经指数期货，并卖空日本政府债券。

然而"人算不如天算"，指数一路下跌，而债券却一路上涨。2月24日，尼克·李森见巨额亏损无法挽回，逃离了新加坡。巴林银行重组无望，只能宣布倒闭。

这件事情告诉我们，不管企业制度多么完善，如果执行人内心不装着高压线，不对法律法规保持敬畏之心，任何制度都形同虚设。

与巴林银行不同，直销企业往往拥有庞大的业务员队伍，人员素质良莠不齐，人员分布遍及全国各地，并且这些人员与企业之间是一种松散的关系，在管理方面存在巨大挑战。

受"创富思维"影响，甚至有部分业务人员想铤而走险，追求所谓的"超级财富"。

面对这种状况，该怎么办？三生认为，培训是最好的方式。平台要合法经营，合作伙伴更要合法经营。只有心中装着高压线，才会警钟长鸣，将守法变成一种肌肉记忆。

在这个过程中，三生不断提升经销商和员工的自律和规范发展意识。譬如，三生每年都会通过举办自律经营座谈会及"普法、学法、守法"活动，提升员工及合作方的自律经营意识。三生号召成员从培训入手，提高素养，践行"自尊敬人，惠人达己"的价值观。

诚招天下客，誉从信中来，以诚信自律擦亮招牌，人才能立得住、行得稳。企业亦如是。

诚信经营

诚信经营是商业信誉的基石。

做企业就是做人，产品就是人品。

说到企业的诚信经营，人们常会想起同仁堂那副对联："炮制虽繁必不敢省人工；品味虽贵必不敢减物力。"

这是乐凤鸣在1706年汇集前人经验而完成的《乐氏世代祖传丸散膏丹下料配方》中提到的同仁堂一直恪守的古训，体现了同仁堂对药品质量和患者健康的极度负责态度，这也成就了同仁堂的百年辉煌。

如果说同仁堂是在细节上不敢"减"，那么娃哈哈则是在细节上不敢"增"。

在一次央视采访中，当被问及娃哈哈纯净水的容量为何标注为596mL而非600mL的整数时，创始人宗庆后坦诚表示："我们从不欺骗消费者，这596mL是真实数据。我们不会为了迎合市场而虚标容量，要让消费者喝得放心、买得明白。"

显然，标600mL更符合一般人的心理，即使少4mL，大家也不会较真，但宗庆后较真。这是一种诚信使然，也是他坚守的价值观。

正是这种坚守，让娃哈哈在经营过程中坚持以诚信为本，造就了一代传奇。

与娃哈哈同处浙江的三生，同样视诚信经营为生命线。

宁波人是中国首个设立邮局的群体。据史料记载，明永乐年间，宁波人就设立

了"民信局"（相当于现今的邮政局），寄递信件、物品，经办汇兑，书信、报刊、契约、金银、钱票等皆可邮递。

这种民间邮政机构除拥有雄厚的实力外，更拥有绝对的信用。如今，世界各地邮政几乎都由国家专营，也由国家承担信托责任。

在三生看来，经营企业也是一种信托责任。不管是员工还是营销人员，他们进入三生，都是把自己的前途托付给了公司。从这个角度来看，三生同样负有信托责任。

三生承担信托责任，首要的一点就是"把产品做好"。三生坚守"七优品质管控体系"，从产品的设计开发到体系管理，严格把控产品品质，坚守产品质量底线。

此外，三生还创造性地把"阳光工厂"场景运用在生产基地上，实现了对生产加工过程和质量安全管理进行实时在线监管的目标。

一路走来，三生已获得全国质量和服务诚信优秀企业、中国"3·15"诚信企业、中国食品安全年会"十强企业"、亚太区十佳诚信直销企业、全国食品药品质量安全诚信示范单位、全国质量诚信先进企业等荣誉称号。

产品生产上的诚信，只是三生诚信经营的一个缩影。始终保持真实、透明的态度，让三生在市场上赢得了良好的声誉，也为整个健康行业树立了榜样。

稳健经营

要说稳健经营，谁也敌不过巴菲特的伯克希尔公司。而稳健经营的最大受益者，也是伯克希尔公司。

千万别说这是保守主义。就算伟大如巴菲特，他倡导的也是"富贵稳中求"。

"看住你管道的安全性，永远不冒资金永久性损失的风险。" 巴菲特在2024年

致股东的一封信中，再次强调了投资安全的重要性——这几乎是巴菲特每年都要重弹的老调。

巴菲特以稳健投资著称，他遵循价值投资原则，从不去追逐一时的利润，即使面对短期内的巨大利好消息也能保持冷静。

在他看来，暴利往往伴随着高风险，因此，他常说："保护好你的本金，不要冒失去本金的风险去投资。"这位投资界的巨头强调的总是**"安全，安全，还是安全"**。

以巴菲特投资的美国汽车保险公司 GEICO 为例，该公司通过直接向客户销售保险，省去了中间代理人费用，降低了成本，并提高了竞争力。同时，该公司不断利用新技术来提升效率和客户体验，如引入在线报价系统和移动应用程序，使客户服务做得非常优质。

1995年，伯克希尔完成了对GEICO的完全收购。后来，GEICO在不同经济周期中保持稳定增长，即使是在经济衰退时期，也依靠其逆周期属性维持了稳健的运营表现。

正是这种"不够炫酷"的稳健投资方式，让巴菲特的公司持续创造着股价翻番的记录。

每年的伯克希尔股东大会都会吸引来自世界各地的投资者参加，其现场直播也成为年度最受关注的财经盛事之一。

由此可见，激进经营可以获得昙花一现的增长，稳健经营才是长足发展之道。

这一点在三生的发展历程中得到了很好的证明。

创业初期，三生曾采取较为激进的市场奖励机制，使得公司业绩在短期内飙升。然而，三生很快意识到这种做法无异于饮鸩止渴。于是，公司果断中止了过于激进的机制，并优化了相关政策。这一决策虽然在短期内导致业绩受损，但为三

生的长远发展奠定了坚实的基础，由此，三生也被认为是行业稳健经营的典范与标杆。

外部保障

企业在经营管理过程中，难免会遭遇危机。有的危机是企业经营失误造成的，有的危机则来自外部的误解甚至恶意攻击。

这就需要未雨绸缪，建立强大的外部保障体系。

2018年春天，星巴克遭遇了一场突如其来的外事危机，一场食品安全风波以迅雷不及掩耳之势席卷全球，考验着星巴克的外事智慧。

事件的开端是在2018年3月31日，一篇题为《星巴克最大丑闻曝光，全球媒体刷屏！我们喝进嘴里的咖啡，竟然都是这种东西……》的网文在微信朋友圈迅速传播，点击量迅速突破10万。

发布该文的自媒体对美国法院的一个判决进行漫无边际的"加工"，并把星巴克单独拎出来，制造了"爆文"。

面对这股无法忽视的舆论洪流，星巴克采取了冷静、有序的应对策略——星巴克抓住"钻石1小时"，迅速启动外事措施。

首先，举报所有与"星巴克致癌"相关的文章，同时邀请专业医疗科普平台出面，从科学的角度对"咖啡致癌论"辟谣，为星巴克争取喘息空间。

紧接着，星巴克在4月1日发表声明，以全美咖啡行业协会公告为依托，明确表示咖啡不会致癌，有研究表明适量饮用咖啡对健康有益。声明中，星巴克不仅维护了品牌信誉，还借助行业组织的力量消除了公众恐慌。声明的措辞谨慎且真诚，展现了品牌的成熟、理性。

最终，这场风波在短时间内得到有效控制。公众的反应出人意料的宽容，许多人表达了对星巴克的支持，甚至幽默地表示将继续享受咖啡带来的乐趣。

这次堪称教科书式的危机公关，充分展示了星巴克专业的外事团队、和谐的外事关系和在危机面前的良好心态，意外地增强了品牌与消费者之间的信任。

有公关专家分析，从表面上看，这次危机的化解是星巴克的公关技巧起了作用，实际上则是其强大的外部保障体系在起作用。

第一，打铁还需自身硬。

星巴克如果没有良好的信誉，没有产品安全至上的理念，外事团队无论多有智慧，都会无力回天。

三生与之有着一致的理念。三生秉持的理念是"没有危机公关就是最好的危机公关"，强调打铁必须自身硬，因此，要苦练内功，强化各方面安全，避免堡垒从内部被攻破。

第二，未雨绸缪，加强沟通，建立和谐关系。

星巴克能如此迅速地发声纠偏，关键在于平时建立的和谐的对外关系。保护好品牌，需要平时积累，如果临时抱佛脚，无异于与虎谋皮。

越是令人尊敬的企业，越能获得各界的理解和帮助。

星巴克是一家众所周知的令人尊敬的企业，三生同样是备受尊重的企业。

在20年的发展过程中，三生在规范经营的同时，不仅向社会提供了优质的健康产品和服务，还在履行社会责任方面展现出应有的担当，积极响应社会需要，持续投身公益事业。

迄今为止，三生组织开展了扶贫济困、低碳环保、关爱留守儿童等各种形式的爱心公益项目，累计捐款捐物总价值超1.5亿元，带动逾10万人次参与各项社会公益活动。

在这一过程中，三生致力于通过政府、媒体、协会等做好对外沟通工作，积极对外传播企业文化，让更多的人了解三生。这种强烈的社会责任感，让其赢得了社会各界的认同，并让人们对其产生了深度信赖。

第三，建立强大的外部保障体系。

星巴克能安然度过公关危机，还在于其有强大的外部保障体系。完善的外事队伍、专业化的处理、智慧的应对——这些都是一家成熟企业应有的气质。

常在河边走，难免要湿鞋，关键是要有应急处理的能力。

三生在全国设立了20多家分公司。即便在新冠疫情期间同行纷纷裁撤分公司时，三生也没有裁撤一家分公司。

更重要的是，每家分公司都配有专职外事工作人员，且有一半以上的人员在公司工作了10年以上。

强大的网络体系、长期稳定的外事队伍，让三生在各地建立起强大的外部保障体系，这一保障体系甚至可以触达县一级，已能做到快速反应、保障有力，为企业发展保驾护航。

不管平台发展得多么稳健，难免会马失前蹄，遭遇外部的诽谤或攻击。强大的外部保障体系，不仅能化险为夷，还能为平台和参与的个人经济体提供强大的保护屏障，降低外部风险。

第三章

赋能篇：
六大赋能链路

如果说平台支持体系是个人经济体创业成功的静态因素，那么，赋能链路则是个人经济体创业成功的动态因素。平台赋能链路越强大，个体创业越轻松。数字蜂巢个人经济体平台赋能六大链路（价值链、成长链、品牌链、供应链、营销链、服务链），让创业更简单。

第一节

价值链定成败

> 一个人的价值观，决定了他的人生轨迹。

乔布斯曾说过，一个人的价值观，决定了他的人生轨迹。

"活着就是为了改变世界"，这是乔布斯的底层价值观。这种信念驱使他不断挑战自我、超越极限，通过苹果智能手机、操作系统等产品，真正改变了这个世界。

在许多人眼里，所谓价值观只是空洞的口号。尤其在平台与个体的关系中，许多人看到的是产品、服务、分配机制等，而会忽略这背后的平台文化。

价值链定成败。

实际上，价值观时时刻刻影响着个体，许多个体成功的背后，往往是这些被认为"空洞"的内容起到了决定性作用。

不夸张地说，价值观是事业的最大加速器；平台价值观，则是对个人经济体的最大赋能。

平台通过统一价值观将志同道合的个人串联在一起，是一种特殊的价值链。这种价值链中，价值观是纽带，是指导原则，更是驱动力。

正因价值观的重要意义，我们将价值链放在六大链路首位。而平台赋能个人经济体的所有行为背后，其实都是平台的价值观在支撑。

价值链赋能个人经济体，分为调频、升维、辐射三个层次。

调频让志同道合的个人始终保持心一致、行动一致；升维让个人提升梦想格局，建立更宏大的目标；辐射让个人成为平台价值观的传播者，吸引更多的人加入平台。

调频：心一致，行动一致

站在个人经济体的角度来看，价值链定成败，但在纷繁复杂的商业环境中，我们可能会因为各种外部压力和诱惑而迷失方向。这时，我们不仅仅需要个人的坚持，更需要一个具有正向价值观的平台来为我们指引并坚定正确的前行方向。

美国巨星霉霉的经历，是平台赋能个人价值观最好的案例。

霉霉之所以能成为"宇宙第一个人经济体"、成为"行走的GDP"，得益于她现在的东家环球音乐集团的价值赋能。

在此之前，霉霉签约的是大机器唱片公司，在这家公司，霉霉经历了长时间的"黑暗"时光。

这种强烈的反差背后是平台和个人价值观的冲突。

霉霉崇尚个性，艺术风格独特，她喜欢按照自己的风格演出。但大机器唱片公司的老板要求霉霉放弃自己的音乐风格，去迎合市场需求，市场上需要什么，她便唱什么。

霉霉无奈地接受了这个要求，但这让她越来越失去了艺术灵感和演出活力，意志也逐渐消沉。

幸运的是，在霉霉迷失方向时，她遇到了环球音乐集团的老板，一个真正理解并尊重她理念和艺术追求的人，他在关键时刻支持她坚定地走向正确的道路。

环球音乐集团鼓励她保持艺术风格，为她提供了丰富的资源和广阔的平台，让她能自由地创作和表达；为她提供了顶级的制作人、编曲家和词曲创作人，协助她打造了一系列深受全球歌迷喜爱的音乐作品。此外，环球音乐集团还积极策划、推广霉霉的演唱会，让她的音乐走向更广阔的舞台。

在环球音乐集团的支持下，霉霉逐渐走出阴霾、找回定位，作品也愈发深入人心，迅速登上"宇宙第一个人经济体"的宝座。

霉霉为什么在不同的平台会有不同的境遇？这是因为平台价值观的适配性、前瞻性，能引领个人走向成功。

站在个人经济体的角度来看，找到同样具有正向价值观的平台，会对人的价值观产生持续、正面的影响。

三生的核心价值观是"自尊敬人，惠人达己"。作为一个直销行业的平台型企业，三生致力于为更多的人提供获得尊重的事业机会，营造一个安全、可靠且有利于成长的创业环境。

三生处于直销行业，在提供创业平台的同时，更致力于帮助每位加入者坚定正确价值观，摒弃那些急功近利、追求短期效益的错误思维。

三生通过培训、自媒体传播等多种途径，传递正确的价值观，灌输系统化的文化理念，引导大量加入者找到正确的人生方向，实现个人与平台共同成长。

升维：让个人提升梦想格局

平台价值观的力量，在于其广阔的视野和深远的使命，它往往超越了个人局限，为个人梦想提供了升维可能——不仅提升自身格局，还能在更大的舞台上实现更宏伟的目标。

2008年，张磊带着蓝月亮盈利4亿元的报表，敲开了蓝月亮创始人罗秋平的大门，说了一句匪夷所思的狠话："如果你们不继续亏损，我将撤出之前投资的4500万美元！"

罗秋平蒙了。

张磊再撂狠话，"你需要摒弃那些无用的产品线，专注于洗衣液。短期内可能会带来亏损，但从长远来看，这将带来盈利。"

罗秋平更蒙了。

张磊所说的"无用的产品线"指的是洗手液，它每年能给蓝月亮带来一两个亿的利润。

这显然是个巨大的冲突。张磊和罗秋平都是强者，谁都不服谁。

这时起决定作用的是什么？

理念！

当时的市场情况是，直到2008年，中国洗衣液的市场份额还不到4%。宝洁和联合利华认为，中国市场没有足够的消费力，也不愿推出洗衣液。

彼时，蓝月亮凭借"非典"带来的机遇打开了洗手液市场。但张磊鼓励罗秋平要勇于颠覆，将业务重心转向洗衣液，成为中国洗衣液第一名。

罗秋平是心怀"重塑产业"梦想的人，张磊那句"打败跨国公司，成为中国洗衣液第一名"的话，可谓一语惊醒梦中人。

罗秋平醒悟到，企业不应只追求利润，还应追求更有价值的事情。这种趋同的价值观起了决定性作用。最终，罗秋平投入大量资金进入洗涤剂市场，从一家盈利的洗手液公司"成功"转为亏损的洗涤剂公司。

大家都怀疑罗秋平被张磊忽悠了，但两年后，蓝月亮占据了中国洗涤行业44%的市场份额，成为"洗涤行业一哥"和"洗衣液"的代名词。

成功最大的功臣是理念，是价值观。

这为我们提供了深刻启示：**价值观是升维梦想的原动力。**

小梦想只是起点，大平台则可以带动个体梦想升维。

三生"自尊敬人，惠人达己"的核心价值观，不仅为创业者提供了一个安全、可靠、有利于成长的创业环境，还升华了无数个体创业者的价值观。

许多人加入三生，只是想找个事情做一做，或者赚点小钱贴补家用。但在三生价值观的熏陶下，一部分人意识到，这不仅是一份工作，更是一个能帮助更多的人获得健康的事业，并逐渐发现了自己的潜能。

如果只想赚点小钱贴补家用，那么最多只能赚点小钱。但如果真心意识到自己可以帮助更多的人获得健康，升维到"惠人达己"的高度，出发点变了，"事情"就变成了"事业"，个人也从平凡走向不凡，逐渐成为卓越的个人经济体。

辐射：共筑价值链卓越平台

一个人可以走得很快，一群人可以走得更远。

优秀的文化具有极强的感召力。文化的力量辐射出去，能吸引更多的人走到一起。

《三体》制片人大卫·贝尼奥夫，就是一个绝佳的例证。

大卫·贝尼奥夫因担任《权力的游戏》的编剧而名声大噪。许多人认为这是他事业的巅峰。但他崇尚挑战，希望挑战更高的目标。

"崇尚挑战"也是流媒体巨头奈飞的理念。受挑战理念的感召，大卫·贝尼奥夫加入了奈飞，并如愿以偿地获得了一个极具挑战性的工作——《三体》电视剧制片人。

科幻巨作《三体》因太过宏大的叙事，被认为是最难拍的作品之一，就连斯皮尔伯格也不敢碰。崇尚挑战的奈飞购买了《三体》的版权，委任同样崇尚挑战的大卫·贝尼奥夫做制片人，斥资1.6亿美元进行制作。

然而大卫·贝尼奥夫面临组建制作团队的问题。

尽管好莱坞明星名导云集，但由于《三体》这块骨头实在太硬，大家都不敢碰。越是大牌，越不是金钱所能打动的，大家能否参与，在于是否对其认同。

奈飞作为后起之秀，拍摄了大量优秀的影视作品，背后有卓越的平台文化。大卫·贝尼奥夫要组建制作团队，奈飞文化成了非常好的武器。于是，大卫·贝尼奥夫成了奈飞文化的"布道者"，他积极地向好莱坞大佬们宣传奈飞的理念和《三体》项目的独特魅力，讲述奈飞如何鼓励创新、支持挑战，号召大家一起来挑战《三体》的拍摄。

在大卫·贝尼奥夫的游说下，众多大牌明星纷纷加盟，包括《权力的游戏》的主创D·B·魏斯、亚历山大·吴、《星球大战8》的导演莱恩·约翰逊等，好莱坞著名演员布拉德·皮特不但参与了剧集的制作，他的Plan B影业还参与了项目的投资。

这些巨头的参与使得《三体》剧集在制作上得到极大的保障，无论在故事情节、视觉效果还是国际推广方面，《三体》都成为现象级作品。

这正是价值观辐射力量的生动展现——平台的文化会影响到平台上的人，这个人又化身平台文化的传播者，感召更多同频的人加入。

这在投资圈最为常见。有时一个好的项目被某位投资人发现，他成为领投人后，会游说更多的人来跟投。

平台的价值理念影响个人，个人又成为这个价值理念的传播者，感召更多的人加入进来，加入进来的人又成为传播者——这在直销行业更是一种普遍现象。

第二节

成长链定输赢

> 只有提高心性，才能拓展经营。

商业的本质是教育。对于创业团队来说，成长链定输赢。

教育在个人创业成长的道路上扮演着至关重要的角色，它不仅为创业者提供了必要的知识基础，还塑造了他们的思维方式、技能、人际网络和面对挑战时的态度，全方位地促进创业者成功与发展。

更重要的是，教育是培养团队心态的最好方式。

通用电气前CEO杰克·韦尔奇就特别崇尚教育，并以此挽救了通用电气。

20世纪80年代末至90年代初，通用电气所处领域竞争白热化，而该公司内部管理松散，团队士气低落。杰克·韦尔奇临危受命成为CEO，通过教育开启了一段关于团队、挑战与胜利的故事。

杰克·韦尔奇坚信，企业最宝贵的财富不是机器设备，而是那些充满智慧和创造力的人，要让团队成为一条永不停歇的成长链，唯有两个字——教育。

于是，杰克·韦尔奇发起了一场规模空前的"人才革命"。他开设了一系列课程，从专业技能到领导力，从团队协作到创新思维，以此全方位提升团队能力。

杰克·韦尔奇在《赢》这本书中回顾说，当时的最大收益不是技能，而是心态，"大家统一了意识，并坚决走到了一起"。

随着时间的推移，团队的凝聚力、战斗力得到显著增强。经过几年的不懈努力，通用电气从一家面临危机的公司跃升为全球最具价值的企业之一，成为全球企业学习的典范。

回过头来看《赢》中的这句话，它道出了教育的精髓——教育之道，首先是将心注入，这是道的层面，其次是解决心的问题，也就是术的执行。

本节讲述的就是个人经济体平台通过将心注入和教育系统赋能个人经济体，实现共生共荣的链路体系。

将心注入：心一致、行动一致

最好的组织就是那种能让员工在没有监督的情况下也能做出正确决定的组织。

——杰克·韦尔奇

《将心注入》一书是星巴克创始人霍华德·舒尔茨撰写的关于成功的经验：要成功，首先要从心开始改变，并且将心注入，也就是"思想自觉"。

这里的"心"指的是"心""愿"。"心"是人的内在世界和精神追求；"愿"指"愿力"，强调内在强烈的追求和决心。心是愿力的源泉，只有当内心真正渴望并坚定追求某个目标时，才能产生强大的愿力，推动个人不断前进，达到"心一致、行动一致"。

黄埔军校就是一个典型案例——作为一所军事学校，其教育不仅仅局限于军事技能的训练，更注重对学员信仰和理想的培养。

孙中山为勉励学员奋发图强、立志报国，在军校大门上亲笔题写一副对联，

上联是"升官发财请往他处",下联是"贪生畏死勿入斯门",横批是"革命者来"。

学员们在黄埔军校接受了三民主义等革命思想的教育,树立了为国家、为民族、为革命事业奋斗的崇高理想。这种坚定的信仰,成为他们英勇顽强、不怕牺牲的精神支柱。

《中国国民党军简史》记载,"从黄埔建校起,连同九所分校,总共毕业10万余名军官生。两次东征、两次北伐,一直打到1945年日本投降时,10万黄埔生打得只剩37583名……"整个抗战期间,出身黄埔军校的少将级以上高级将领有百余人在与日伪的作战中为国捐躯,尤其是淞沪会战,黄埔将士浴血奋战,被誉为"一寸山河一寸血,一抔热土一抔魂"。

这完全是将心注入的结果。

对企业来说,将心注入的重要方式就是进行企业文化培训。

华为的任正非特别注重企业文化培训。

1996年,华为在通信领域奋力冲刺龙头宝座之际,掌舵人任正非发表了一场振聋发聩的演讲——《培训:通向明天的阶梯》。

任正非强调:"培训这把开启未来的钥匙,承载着华为战略的血脉,驱动管理进化,培育英才,引领我们迈向辽阔的明天。"

在此之后,任正非以演讲、写作等方式,将"狼性文化""奋斗者精神"等华为精神内化于每颗"华为心",一篇《华为的冬天》更成为绝唱。

为了达到好的培训效果,任正非每次内部演讲对场内的要求都近乎苛刻,PPT的每一帧、灯光的每一束、音响的每一声都精心雕琢,旨在营造一种场景,以达到最佳培训效果。

直销行业中的三生也特别注重企业文化培训。

为了将心注入，三生建立了完整的企业文化教育体系，出版企业文化专著《尊重的力量》，深入浅出地介绍"自尊敬人，惠人达己"的核心理念，这构成了三生强大的软实力。

三生还开启了"每周每月每年"的价值观输出体系。

每周，指三生董事长每周在个人微信公众号"宝哥匠心作"（曾用名"宝哥相对论"）上发表一篇文章。从2014年6月4日开始，每周三坚持原创内容输出，10年来坚持不懈。

每月，指三生董事长每月在企业内刊《和谐人生》上发表一篇理念文章，深度宣导理念文化。

每年，指三生董事长将一年发表的文章汇编成书，更系统化更全面地呈现文化理念。

三生总裁也成了理念文化的重要宣导者。他每月会推出一期名为"总裁零距离"的课程，并在《和谐人生》上发表一篇文章，对理念文化进行进一步解读。

系统性赋能：专业化、标准化、个性化

标准是通往卓越的阶梯。

——彼得·德鲁克

个人经济体创业平台上的创业者团队往往是一种松散型组织，人数众多，分布面广，人员素质良莠不齐，教育在这个领域具有特殊的地位。因此，"听话照做"的复制逻辑，反而比"因材施教"更加有效。这种可复制的教育，俗称"系统"。

有人曾提出这样一个问题："一家公司有庞大的人数，大家学历各不相同，有小学生，有博士生。一种打法是各展其能，常规情况下，博士生的打法一定比小学生的打法好；另一种打法是，按照高中生的水准制定一套系统化打法，通过培训，团队几万、十几万甚至几十万人都按照同一套打法，说一样的话，做一样的事。你说哪种打法更有威力？"

答案显然是后者。

这就是系统的魅力，系统性赋能成为个人经济体教育的最佳法宝，统一共识是团队协作、项目成功的基石，专业化、标准化、个性化的教育体系则是将共识转化为行动的关键。

三生的"三化"（专业化、标准化、个性化），为个人经济体教育赋能提供了典型样板。

专业化通过提供专业、深度的教育培训资源，使个人在特定岗位或领域达到专业标准，在个人成长上内外兼修，全方位提升竞争力。

标准化确保了培训流程、方法和评估体系的统一，这不仅便于管理，也保证了质量的一致性，使每位参与者都能接受到同等水平的教育。

个性化则关注个体差异，通过定制化方案满足不同背景、能力和发展需求的成员，激发其个人潜能，促进其全面发展。

三者相辅相成，构建了一个既能提升团队整体能力又能照顾到个人成长的教育体系，为组织持续发展提供了坚实的基础。

专业化：唯有专业化才更有效。

专业化意味着培训内容应针对具体岗位或职能领域，提供深度知识与技能训练，确保每个成员都能达到岗位专业标准。

主要做法是"内容上内外兼修，执行上里外协作"。

内外兼修是指三生结合企业及市场需要去开发专业课程，协同清华大学等高校的权威专家共同开发课程并进行授课，进行更高级别的赋能。

里外协作是指三生聘请专业讲师团队，并选拔市场优秀讲师充实团队，培训内容涵盖心性、健康知识、销售技巧、团队管理等各个方面，甚至包括礼仪和国学。

标准化：唯有形成标准才能复制。

系统化培训的核心要素是标准化，只有标准化才能复制。面对复杂的市场团队，"听话照做"比"因材施教"更有效，而要做到"照做"，前提是必须标准化。

市场是变化的，培训需求也在不断变化、持续增长，这就要求培训内容不断丰富。三生用建模的方式动态地丰富了标准化培训内容。

三生会在原有标准化内容的基础上，根据新的需求推出新的内容，并不断打磨、优化，使之达到合理状态后便把内容固化，形成标准课件，最终打造成课程。

如此往复，三生培训使用的标准化内容日渐丰富，更能给个人经济体提供全方位赋能。

个性化：唯有个性服务才能提升效能。

在标准化的前提下，如果一味照搬培训内容，无疑会流于刻板。在公司层面上，虽然不能做到"因材施教"，但可以做到"因系统施教"——为系统团队提供个性化的培训赋能。

物以类聚，人以群分。人多了，自然会分为不同的体系，每个体系注重的产品、人群、打法甚至体系的子文化都不一样。这在社交商业领域表现得更为明显。

三生会根据体系需要，在标准化的前提下，结合不同团队的文化进行个性化培训内容定制，搭建不同体系的商学院——比如德道商学院、视康商学院、古语商学院、纤体商学院等。德道商学院注重社交新零售方面的培训，纤体商学院则更注重形体美容方面的培训。

陪伴式成长：从种子到大树

一个组织，其成员的能力和经验往往参差不齐。分级型教育、陪伴式成长能根据不同层级成员的实际需求和职业发展路径，提供量身定制的培训内容。

初级成员、中级成员、高级成员的需求各不相同，不但不能拔苗助长，而且要循序渐进地培育他们的能力，帮助他们敢于拿结果、能够拿到结果、带领团队拿结果。

这不仅有助于团队成员成长，还有利于团队整体能力的提升及组织的长期发展。华为、腾讯、松下等著名企业均有系统化的分级教育和进阶模式。

对个人经济体而言，分级教育更为重要。

个人经济体平台上往往有许多缺乏学历和工作经验的小白。这时，平台赋能就要像孕育一颗创业的种子一样，让他能真正行动起来，"让无力者有力"。

而后浇灌种子，将其培育成青苗，让他真正开始行动并拿到结果，"让有力者前行"。

当个人成长起来后，他就被培育成了参天大树，但独木不成林，这时要让他裂变团队，并成为优秀的团队领导人，这就是"让前行者更行"。

三生的分级培训模式，对团队成员进行从种子到参天大树的全生命周期培育。这种陪伴式成长，对平台赋能个人经济体极具借鉴意义。

三生还为团队赋能建立了教育强基工程，推出一系列团队成员培育计划。通过数智中台实施新人起步保障计划、为直播答疑实施产品专家赋能计划、为市场拓展实施团队建设铸魂计划、为社群赋能实施事业晋级陪跑计划，赋能团队成员从种子到大树的每一步成长。

三生的分级培训模式

◎新人起步：少将训练营，种子培育计划

德：创业必备的素养

才：开展事业的能力

岗：拓客成功的行动

◎ 精英培育：中将训练营，青苗成长计划

学：学分享——引人

说：会沟通——拉人

做：办沙龙——留人

教：会复制——育人

◎ 成长晋级：大将训练营，大树深耕计划

吹：提高团队的士气

拉：设计高效招商会

谈：提升会议收单率

唱：开表彰会树标杆

训战结合：建立全方位人才培养体系

培训的目的是应用。但知易行难，在实战中才能懂得应用。

华为的训战结合思想源于军事领域，由华为创始人任正非引入并长期倡导。其核心理念是"仗怎么打，兵就怎么练"，目的在于通过实战化训练，提升员工的业务能力、实战水平，从而更好地应对市场挑战，保持竞争优势。

训战培训不仅关注员工的专业技能，还注重培养其团队协作、领导力等综合素质。

华为的训战分为网课认证、集中训练、项目实践、答辩认证四个步骤，这与三生的"学练考赛"有异曲同工之妙。

学：员工通过三生专业讲师的传帮带及数字化培训平台进行学习。培训内容丰

富多样，并采取现场教学、真人视频课、语音课程和图文课等多种形式，满足不同员工的学习需求。

练：完成基础学习后，员工将参加各种形式的集中训练。集中训练通常采用模拟项目、角色扮演等方式进行，以提升员工的实战能力和团队协作能力。

考：集中训练结束后，员工将被安排到实际项目中进行实践。在项目实践中，员工将担任关键岗位的角色，通过实际操作来巩固和深化所学知识。

赛：项目实践结束后，三生会组织各种比赛活动，有的是业绩大比武，有的是演讲大比武，有的是讲师大赛，在比赛中表现突出的员工，未来有机会获得晋升。

除了华为和三生外，还有许多知名企业也在采用训战模式进行人才培养，比如亚洲最大的水性乳液生产企业巴德富集团。这些企业通常具有较强的市场竞争力和创新能力，对人才的需求和培养也更为迫切。通过训战模式的应用，这些企业能够不断提升人才的实战能力和综合素质，为企业的长期发展奠定坚实的人才基础。

数字化覆盖：打造全触点培训生态

为什么集成式的数字化全触点生态系统成了行业领军企业的共同选择？因为它能实现对海量信息的智能筛选，避免信息过载，同时确保学习内容的多样化、全面性。

谷歌的智能化学习平台便是一个典型案例。这一平台旨在实现无缝的学习体验、即时的知识获取、精准的技能匹配及持续的职业成长，从而赋能员工，提升企业竞争力。

想象一下，一位谷歌工程师在业余时间对人工智能产生了浓厚的兴趣，开始在平台上浏览相关的课程和文章。不久后，这名工程师惊喜地发现，平台自动向他推荐了最新的人工智能研究动态、高级课程和行业专家的见解。

这种高度个性化且及时的推送不仅能激发员工的学习热情，还能帮助他们迅速掌握行业最新动态、快速提升专业技能——这是谷歌倡导的持续学习文化在实践中最直接的体现。

在这一过程中，谷歌也面临过一些挑战。

如何在海量信息中筛选出真正有价值的内容，避免阅读者陷入信息过载的困境？如何平衡个性化推荐与多样性，确保团队不会局限于某一领域，而是实现全面发展？

谷歌深知这些问题的复杂性，通过持续优化算法、引入多维度数据分析，比如个人职业发展阶段分析、项目数据分析，不断提高推荐系统的准确性。

如今，谷歌这一平台不仅能根据个人的学习历史、兴趣偏好与职业发展目标，推送定制化课程与资源，还能实时追踪行业动态，确保团队始终站在知识、技术的前沿。

对个人经济体平台而言，这种生态系统不仅提供了灵活高效的学习途径，还促进了知识的准确传播和更新，形成了综合性在线资料库，支持了平台与个人的共同成长。

集成式全触点生态是平台、个人经济体迎接未来挑战的利器。比如，三生打造的智能化学习生态系统，能为直销行业合作伙伴提供超越时空限制的个性化学习体验。

传统的直销培训往往受限于固定的时间和空间，无法满足现代职场人士的多元化需求。面对这一挑战，三生果断采取行动，构建了全天候、全渠道、个性化的自助式学习平台，为合作伙伴打造了一个无边界的学习生态系统。

一方面，该平台打破了时间、空间限制，让合作伙伴无论是在忙碌工作的间隙还是在宁静的夜晚，都能轻松获取所需的知识与技能。该举措受到不少合作伙伴的

欢迎，他们表示，这种即时接入知识的设计不仅提升了学习效率，还增强了他们的成就感，使学习变得更加愉悦、高效。

另一方面，任何知识、经验、模式都需要记录、传播和更新。为克服传统口耳相传带来的信息失真的问题，三生以数字化手段，将企业知识财富转化为可检索、可共享的数字化资产。三生的数字化资产包含详尽的文字指南、直观的图片说明、实用的模型示例、生动的视频教程，形成了综合性在线资料库，确保了信息的准确传递。

此外，考虑到每位合作伙伴的个性化需求及工作生活平衡，三生的数字化工具还提供了高度定制化的学习路径。无论是喜欢在线自学，还是倾向于移动学习，或是希望通过混合学习的方式深化理解……任何类型的合作伙伴都能通过三生平台找到适合自己的学习模式。

在各行业领军者的引领下，我们见证了一场构建成长型组织的变革。这不仅是一个激发潜力的故事，更是一幅个人经济体与平台共同成长、携手前行的美好画卷。

第三节

品牌链定强弱

> 品牌是一种信誉担保，是信任和忠诚的保证。
> 平台对个人经济体创业的品牌赋能是：
> 做好企业品牌，创造价值，解决信任问题；
> 做强产品品牌，创造顾客，解决销售问题；
> 赋能个人品牌，凝聚团队，解决发展问题。

现在，中国的品牌人越来越困惑。之前，品牌人是企业的座上宾；现在，品牌人去企业谈品牌，往往会遭遇各种嫌弃，"还谈什么品牌，我们强调的是投产比、转化率"。

现在确实是一个所谓的"快品牌"时代。一些新兴消费品品牌为了快速吸引消费者注意，常常采用过度营销、夸大宣传的手段。他们把之前的品牌建设费用转为投流费用，通过社交媒体、短视频平台等渠道，发布大量推广内容，认为"增加曝光率就是打造品牌"。

这显然是对品牌的误解。

诚然，曝光率能带来转化，但没有品牌支撑，这种转化只是冲动型购买。

所谓品牌，绝不只是靠增加曝光率就能打造的，而是一个复杂的系统，它包含产品属性、利益、价值、文化、个性和用户等多个方面。

一个成功的品牌能在消费者心中建立起独特的形象和地位，并占领消费者心智，成为消费者内心的固化认知。

品牌一旦形成，就会成为永久的流量池，绝不是投流带来的昙花一现。

做品牌就像种一棵树，只能慢慢成长。树根部分是品牌内核，包含着使命、愿景和价值观，解决的是"它为什么存在，能为消费者提供什么价值"的问题；树干相当于企业可见的产品、人才、产业布局等；而果实就是大家所看到的品牌。

价值是因，品牌是果。机会主义的因绝对结不出长期主义的果，所谓的"快品牌"一定程度上只能算伪命题。

品牌尽管长得慢，但一旦长成，投产比就非常可观。要知道，"品牌即流量"，当品牌价值累积到一定程度后，稳固的品牌认知就能带来持续、免费的流量。

商业的竞争——从产品到渠道，从渠道到平台，从平台到IP——这背后的核心都是品牌的打造。

卓越的企业，尤其是一些个人经济体创业平台，并没有所谓"快品牌"的概念，而是在打造"深品牌"。在打造传统的企业品牌、产品品牌的同时，还有一套独特的"个人品牌"系统，三者互成犄角，形成对个人经济体创业的品牌赋能。

做好企业品牌，创造价值，解决信任问题；做强产品品牌，创造顾客，解决销售问题；赋能个人品牌，凝聚团队，解决发展问题。

企业品牌：创造价值，解决信任问题

可口可乐前总裁道格拉斯·达夫特说，如果可口可乐全球的工厂被一把火烧掉，只要留下"可口可乐"四个字，他依旧可以再造一个可口可乐品牌。

这种信心来源于可口可乐品牌在全球范围内的广泛认知度、忠诚度，以及市场营销、产品创新等方面的持续努力，反映了可口可乐在全球市场上的强大影响力和市场地位。

这就是品牌的力量。

与那些只顾投流追求"曝光率"和"投产比"的企业的做法不同，潜心做品牌是一种长期主义，更是一种复利式的投资。拥有一个明确、可识别的品牌，可以帮助企业建立与消费者之间的信任。当消费者熟悉并信任一个品牌时，他们更可能忠诚于该品牌并持续购买其产品或服务。

所以，品牌营销大师德克·莱昂纳德说："**品牌是一种信誉担保，是信任和忠诚的保证。**"

世界上最难解决的就是信任问题。个人经济体创业，最难解决的也是信任要素问题。

卓越的个人经济体创业平台会着力建设企业品牌，建立与市场的信任。这样做可以极大地降低个人经济体的沟通成本，不管是建立团队还是销售产品，均能极大地提高创业成功率。

以长期主义打造品牌，不追求短期热度、一时刷屏，三生做品牌的态度从创立之初就决定了——但凡能成长为参天大树的平台都有着相同的特质：根深叶茂，扎根向阳，基业长青。

在过去的20年里，三生把品牌建立在科技研发上，建立在生产车间上，建立在围绕消费者全生命周期精准健康管理的产业布局上，建立在"做好产品、产品做好"的全球供应链整合上，建立在为事业伙伴和消费者提供更好的服务体验的分公司、终端体验门店、元宇宙数字展厅、园区构建上，建立在引领数智时代的数字基建上……

这是品牌冰山之下看不见的部分，也是一家企业品牌建设的根基，正是扎根够深，三生才有了面向未来、打造受人尊重的国际化个人经济体企业品牌的底气和支撑。

20年来，三生品牌实现的几个阶段的跃迁，证明了这一点。

成为行业黑马

三生在2004年进入直销领域时，中国已有众多直销巨头，三生以"新锐直销企业"的形象打造最佳创业平台，在一众巨头中脱颖而出，被誉为行业黑马。

这让人想起了当年百事可乐的战略。

20世纪，可口可乐独霸江湖，成为可乐饮料的代名词。百事可乐出道时，一度被可口可乐按在地上摩擦。

1984年，百事可乐别出心裁地提出"新一代的选择"这一市场定位，以此与可口可乐进行了区隔，并且微妙地暗示可口可乐老旧过时，标榜自己年轻、有朝气、深受年轻消费者青睐。

百事可乐以新定位迅速占领了年轻人心智，不仅增强了其在年轻消费者心目中的品牌形象，还激发了热烈反响，开启了其与可口可乐之间的"可乐大战"。

确立行业标杆

随着企业的发展壮大，三生的品牌也日臻成熟。

2010年，三生提出做行业标杆的品牌目标。其时，直销行业乱象丛生，三生不仅不为乱局所动，还正本清源，在内部开展了一场持久的合规整顿和苦练内功的行动。

此举带来了业绩的大幅增长，也赢得了主管部门和行业的赞誉，确立了三生的行业标杆地位。

目标:"成为全球健康产业中国样本"

2015年,中国在菲律宾马尼拉举办的APEC峰会上提出了享誉世界的"中国方案"。这一年,正值三生第二个10年的开端,公司提出"成为全球健康产业中国样本"的新目标。

这一目标旨在通过新思维、新模式、新技术、新文化的融合,为全球家庭带来健康、有品质的生活,为每个三生人带来有梦想、有尊严的人生,让世界多一家有责任、有担当、受人尊敬的企业。

"中国样本"是集愿景与核心价值观、战略定位与目标、产品与服务、研发与创新、生产与质量控制、营销模式与市场拓展及社会责任与公益事业于一体的综合体系,这一体系不仅体现了三生在健康产业领域的深厚实力和创新能力,也展现了三生对社会责任的积极担当和对未来发展的坚定信心。

打造个人经济体梦工厂

2024年,三生进入下一个20年的新历程。此时,个人经济体正蓬勃兴起。三生敏锐地发现了这个历史机遇,立即升维平台定位,将之前的"打造最佳创业平台"升维为"打造个人经济体最佳创业平台",同时全力打造个人经济体赋能系统,推出个人经济体梦工厂战略,迅速抢占创业时代红利高地,为吸引更多创业者进驻平台赢得了先机。在各大同行苦寻破局之道时,三生率先打破了公众对直销的固有看法,成功破圈出道。

三生每个阶段的品牌升级,都踩着时间节点推出了独特的平台品牌定位,赢得了创业者的青睐。三生以睿智的品牌战略建立了企业与创业者之间的信任,助力创业者拓展市场、开创事业。

彼得·德鲁克说,一家企业最大的社会责任,就是把企业经营好。

在过去的20年里,三生不仅在市场中稳扎稳打,更以实际行动践行着企业公民

责任。三生没有把责任仅仅停留在口头上，它稳健发展，通过积极纳税，促进创业就业，为无数家庭提供了提高生活质量的健康解决方案。

尤其值得一提的是，三生紧跟健康中国战略步伐，前瞻性地构建了涵盖广泛、服务全面的健康服务管理闭环体系。这一体系不仅提升了公众的健康意识、生活质量，还打造了一系列兼具知名度、认可度的产品与服务，推动了健康中国战略的落地。

2024年6月公布的世界直销企业品牌榜单中，三生以第32位的优异成绩赫然在列，稳稳地留在"牌桌"上，这意味着它已具备与国际一流企业同台竞技的实力，而这一参赛资格是它靠实力赢来的。

毕竟，一个品牌的价值有多大，取决于它解决了多大的社会问题。

产品品牌：创造顾客，解决销售问题

如果说打造企业品牌是创造价值，解决信任问题，赋能个人经济体展业和拓展团队，那么，打造产品品牌则是提供背书、解决销售问题，赋能个人经济体销售产品。

品牌赋能产品销售的力度有多大？王老吉的神话证明了一切。

彼得·德鲁克说，企业存在的唯一目的就是创造顾客。品牌创造顾客，体现在心智预售上。创造顾客，其实就是顾客在看到企业的产品或服务之前，就确定选择你的品牌，没有执行购买行为之前就已经是你的顾客了。

王老吉就极好地做到了这一点。

王老吉原本只是广东本地的普通凉茶，但一句"怕上火，喝王老吉"，把"上火"与品牌绑定并推向全国，让其成为打败可乐的中国饮料。王老吉不但成为"凉茶"的代名词，甚至成了火锅伴侣——人们想下火时，首先想到的就是"来一罐王老吉"。

这就是彼得·德鲁克口中典型的"品牌创造顾客"。

在直销领域，**个人经济体做的是"一进一出"的工作。"一进"是指"进人"，亦即团队建设；"一出"是指"出货"，亦即销售产品。**

如果说企业品牌解决的是"进人"的问题，那么，产品品牌解决的就是"出货"的问题。试想，如果平台品牌能够像王老吉一样创造顾客，那么，"出货"是多么容易的事。

如今的三生正在做让"品牌创造顾客"的事，赋能个人经济体更好地"出货"。

补肾是中医传统，补肾产品更是多如牛毛。三生御坊堂凭借独特的品牌战略成为该领域的头部品牌，许多人一想到补肾，就会自然地想到御坊堂。

首先，御坊堂具有深厚的历史渊源和品牌传承。

御坊堂的历史可以追溯到清朝咸丰年间，当时，一位宫廷御医研发出以海狗肾为主要原料的补肾健体、延年益寿的丹丸，即"海狗丸"。

三生得到此传统配方后，进行了配方改良和技术创新，推出了更适合现代人体质的补肾产品。通过多年的市场深耕和品牌塑造，御坊堂在补肾领域树立了良好的口碑和品牌形象。

其次，御坊堂具有独特的品牌理念和研发实力。

补肾理论多如牛毛，同质化产品更是数不胜数。但三生独创的"养肾三法（平补、温补、峻补）"，在补肾市场独树一帜、脱颖而出。

在此理论指导下，三生开发出更具针对性的系列产品，这些产品均以传统中医理论为基础，结合现代科技手段进行研发和生产，开创了补肾新高度。

最后，御坊堂具有品牌高度。

"御坊堂YUFANGTANG"早在2014年就被认定为"浙江省知名商号"，2016年

被认定为"中国驰名商标"。御坊堂海狗丸是博鳌亚洲论坛唯一专用保健品，也是多届APEC"中国之夜"选用保健品。

如果说御坊堂海狗丸是对传统中医药的创新，那么，三生旗下另一个主打品牌"东方素养"则是对现代营养的突破。

2016年，三生推出东方素养系列产品——这是一个专注于科学植物营养的品牌，独创"植物+肽"理念，拥有行业领先的8大小分子肽产品种类，它是业内小分子肽营养品牌开创者。这使三生成为目前拥有小分子肽技术应用最多的企业，持续引领含肽营养食品的发展趋势。

要成为领导品牌，就要承担领导品牌的义务。

2023年，三生发布《中国肽营养白皮书》，这是中国首部肽研究领域的白皮书，成为研究行业发展的重要文献。白皮书不但推动了东方素养的发展，更推动了中国肽健康行业的发展。

东方素养之所以受欢迎，是因为三生不仅在私域大力推广该品牌，更是在公域大力推广东方素养蕴含的科学的营养观念。

除发布白皮书外，三生还以打造国民营养领军品牌的态度，实实在在地提升公众营养意识，普及健康营养知识，三生对东方素养的推广普及，涵盖了各大主流媒体、健康时尚杂志。东方素养得到专业营养师、明星、主持人、体育冠军，以及营养达人的联合推荐，并成为顶级赛事中国网球公开赛的独家营养品供应商。

御坊堂、东方素养只是三生品牌赋能的一个缩影。随着市场竞争越来越激烈、行业体系越来越细分，三生提出打造多品牌战略，以品牌赋能个人经济体创业的思维，打造不同细分领域的其他品牌，比如聚焦科技抗衰的思莉姿、聚焦眼康市场的视百年、聚焦女性私护的十八宫、聚焦形体管理的瑞恩玛莲等。

作为一家全球知名的消费品公司，宝洁是多品牌战略的国际样板，据统计，宝

洁有超过300个品牌，覆盖个人护理、家庭护理、健康护理等多个领域，仅洗发护发产品就有海飞丝、潘婷、飘柔、伊卡璐、沙宣等品牌。

国内多品牌战略的样板则是养生堂。这是一家健康产品企业，其业务范围广泛，涵盖保健品、生物制药、饮用水饮料、食品等多个领域，农夫山泉、农夫果园、东方树叶等品牌家喻户晓，养生堂龟鳖丸同样畅销中国30多年。

截至2024年6月，三生已经打造了多个系列的产品品牌矩阵。目前，三生正像宝洁、养生堂一样潜心谋划并打造每个品牌，去创造顾客，拉动销售，赋能个人经济体。

个人品牌：凝聚团队，解决发展问题

再小的个体，都有品牌。

在这个IP时代，个人品牌的重要性日益凸显，它不仅是个人身份、专业能力和价值观的综合体现，也是个人在职场、社交圈乃至更广泛领域内影响力的来源。

IP就是影响力，影响力就是流量，流量就是销量。

个人经济体时代，个人品牌是最重要的品牌资产。就如罗振宇的《罗辑思维》和跨年演讲。《罗辑思维》圈粉无数，也让罗振宇赚得盆满钵满，当罗振宇宣布不再出品《罗辑思维》，《罗辑思维》则停止运营。其实要生产60秒精彩内容并不难，但《罗辑思维》的粉丝是冲着罗振宇这个人去的，主播换了人，内容就变得毫无意义了。

罗振宇的跨年演讲同样如此。几年下来，跨年演讲帮罗振宇斩获几亿元收入，如果罗振宇哪天宣布不再举办跨年演讲，这个"吸金兽"同样会当天停止运营。

个人经济体的核心就是个人品牌，其经济活动的中心就是个人品牌。

董宇辉更是完美地阐述了个人品牌的魅力。这位满腹经纶、口才绝佳的主播，

在新东方任教时就圈粉无数，转型为主播后迅速成为带货王，以一人之力力挽狂澜。

2021年12月28日，新东方旗下上市公司"新东方在线"推出东方甄选直播间，转型做直播。此后的半年时间里，东方甄选并没有掀起太大的波澜，营收也相对有限。

随着董宇辉等人的走红，东方甄选的知名度快速提升。2023年1月31日，新东方在线正式更名为东方甄选。

"小作文"事件后，东方甄选为董宇辉成立与辉同行直播间。2024年1月9日，与辉同行首播，截至1月30日，20天的销售额高达8亿元；2024年7月25日，与辉同行宣布与东方甄选"分家"独立运营，此后短短5天里，与辉同行涨粉60万，粉丝总量超过2200万，销售额突破1亿元大关。

这就是个人品牌的魅力。个人品牌一旦形成，则成为巨大的流量池，带来泼天的财富。

在商业社会，平台对个人经济体IP的赋能，意味着输送销量，对社交商业而言，则意味着输送团队。

三生深谙这个道理，其品牌链赋能，除了利用企业品牌和产品品牌助力个人经济体发展外，还构建了独特的个人品牌赋能系统。

五化品牌构建系统是这套赋能系统的核心。这套独特的品牌赋能系统，从**知识专业化**、**行为规范化**、**IP公众化**、**影响社会化**、**形象典范化**五大维度来全方位赋能三生平台上的每一位个人经济体，为他们打造个人IP，使之成为有影响力的个人品牌。

知识专业化

成就个人品牌，首先要有专业知识。

董宇辉之所以能成为全国"丈母娘"的宠儿，关键在于其知识和技能。他毕业于西安外国语大学旅游学院英语（旅游）专业，转型为直播带货主播后，利用自己的专业知识和语言能力，采用双语方式进行直播带货，给观众带来耳目一新的感觉。

此外，董宇辉还拥有广泛的知识储备，无论是历史、文学、哲学还是艺术等领域的知识，他都能信手拈来，出口成章。这种知识专业化让他在直播中能自如地应对各种话题，给观众带来愉悦的视听享受。

某兄弟主播也是如此，他们在带货前的搞笑也是"专业化搞笑"，还获得无厘头大王周星驰的点赞。

三生也是如此。作为专业化平台，三生不仅统一提供涵盖公司文化解读、健康知识普及、产品详细介绍与高效管理团队的标准模板，还积极整合内外部专业资源，邀请行业内外资深讲师来开设专属课程。

从健康顾问的专业培训到销售技巧、团队管理等的技能传授，每一步都力求让参与其中的个人经济体成为各自领域的佼佼者，以专业素养赢得尊重与信赖。

行为规范化

美国日化巨头宝洁公司在鼎盛时期一度成为中国营销界的样板，和宝洁人员接触，不用其介绍，就知道其是"宝洁人"，这就是IP的力量——行为规范不仅会形成群体标签，也会成为个人标签。

三生为个人经济体制定了统一的行为准则和业务守则，通过《业务员守则》和一系列培训，让大家形成统一的行为规范。

首先，从企业文化上进行规范，倡导将心注入，从根本上进行行为规范化；然后，从具体行为上进行规范，制定了合作伙伴的"七个核心行动""十项禁令行为"等，借此让合作伙伴的行为规范化。

IP公众化

IP就是流量，从公域引流是私域运营的共识。人的影响力没有边界，要成为真正的个人IP，影响力辐射半径越大越好，从商业的角度来说，这样才能更大限度地引流。

广告鬼才金枪大叔说："所有的生意都是长在媒体上的，没有媒体就没有生意，没有媒体就没有传播，没有媒体就没有品牌，任何企业的客户，本质上都是宣传来的。"

注意力经济时代，媒体就是生产力。

为此，三生推出"六个一品牌传播工程"[1组专业形象照，1支个人形象片，1个数字分身（AI数字人），1次全域传播，1项专属荣誉，1套专属礼遇]，为关键IP定制专业形象照、风采视频及专属海报，并由专业团队统一制作与宣传。

三生每年携手媒体深度挖掘经销商特色，提炼经销商的个人思想、金句及创业故事，塑造公众化品牌形象；通过自媒体、杂志、官网等多渠道系统化传播，并在园区、活动现场设置展示区，强化品牌形象；积极协调行业内外媒体，对高级经销商进行全网宣传，提升其品牌影响力，实现从平台到行业、社会的广泛辐射，构建起强大的公域流量池。

影响社会化

个人品牌和企业品牌一样，品牌的价值有多大，取决于它能解决多大的社会问题。三生会给合作伙伴提供很多参与社会活动、承担社会责任的机会，借此提升合作伙伴的社会影响力。

董宇辉之所以受欢迎，是因为他拥有强大的正能量和社会影响力。他经常参与直播助农活动，和俞敏洪一起将直播打赏收入全额捐赠给关爱乡村儿童心理健康的公益项目。他还通过讲述励志故事来激励那些迷茫、困惑、急需打气的人，让他们看到希望。他的"鸡汤"中蕴含着治愈人心的力量，为许多人带来温暖和力量。

三生也特别注重个人经济体社会化影响力的塑造。

三生经常创造各种社会化影响力场景让大家参与。比如，邀请业务精英参与中国网球公开赛签约仪式，并授予其"中国网球荣誉推广大使"称号，安排其与著名网球运动员交流互动；每次海外旅游奖励，三生都会邀请当地的政要名流与业务精英进行交流。

三生也崇尚社会公益，每次公益活动都有业务精英代表参与，经媒体报道后形成广泛的社会影响力，带动更多的人一起行善。

人民网曾经推出的"直销六大正能量"的访谈中，有一项就是"文化的正能量"，这是这个行业中被忽略的特质。而三生一直积极鼓励业务精英们将三生文化的精髓传播出去，给人们带来希望、温暖和力量。

形象典范化

个人品牌建设是否成功的一个衡量标准，就是个人能否成为某个领域的典范。

董宇辉成为情怀型直播带货的典范，罗振宇成为知识主播的典范，霉霉成为歌手艺人的典范，他们在收到更多拥趸、更多流量的同时，也承担着向公众垂范的责任。

对高级别经销商，三生通过**"榜样力量工程"**来塑造榜样的力量，进而形成形象典范。

三生为高级别经销商设置了专属的荣誉头衔和奖项，比如慈善爱心大使、个人经济体大使、忠诚贡献奖等，除了在自媒体进行宣传外，还会打造颇具仪式感的场景，来彰显榜样的荣耀与力量。

三生有三大活动盛典——海外旅游奖励、嘉年华及年会，亮相这三个"场"是榜样们的高光时刻。

盛典现场会有榜样们专属的巨幅海报、个人形象片、专属的出场方式甚至专属

的出场音乐，他们会登上闪耀的舞台，发表个人演讲，接受隆重表彰，收获掌声和鲜花，接受高管颁奖……这样的高光时刻不但能激励人心，更会形成一种榜样的力量，辐射带动更多的成员。

除此以外，三生还会创造更多外部机会，比如高端论坛、社会公益活动、名流聚会等，让业务人员参与其中，承担更多社会责任，也迈向更灿烂的人生。

人是环境的产物，当人身处榜样的位置时，就会让自己成为带头垂范的人。

以前是人找货的时代，后来发展到货找人，个人经济体时代则是人找人的时代。个人品牌的崛起，解决的正是人找人的问题。

彼得·德鲁克说，21世纪的组织，除了依靠品牌竞争，其他一无所有。

在个人经济体时代，这句话尤其重要。

第四节

供应链定生死

> 谁统治了供应链，谁就统治了世界。

双十一19天，GMV超百亿元，这是"直播带货一哥"李佳琦2023年双十一的战绩。

李佳琦以一己之力，打造出令多数上市公司都自愧不如的业绩和影响力——这在以往任何年代都是无法想象的。

不过，再优秀的网红也带不动产品和服务掉链子的企业。

如果李佳琦卖的是假冒伪劣或存在严重质量安全问题的产品，又或者供应链跟不上带货的节奏，那么他带货能力越强，风险就越大。

对个人经济体而言，与拥有优质供应链体系的平台公司合作，是获得成功的关键因素。也就是说，在个人经济体时代，个人一定要寻找一家优质的供应链赋能型创业平台进行深度合作。

以李佳琦所在的美腕公司为例，该公司与品牌方、物流合作伙伴和其他相关方建立了稳定的合作关系。这有助于确保供应链的顺畅运作，共同应对挑战并实现合作共赢。

可以说，李佳琦从出道之初，就是站在平台为其打造的优质供应链体系上的。

千万粉丝在直播间看到的是李佳琦一个人在带货，其实从一开始，他背后就有无数支持力量——选品、品控、质检、品牌方、物流公司等，大家一起聚合洪荒之力才成就了他。

在宁波三生总部的全球供应链中心，有着同样的情形。

早在个人经济体时代来临前夕，三生就提前布局，将供应链管理上升到战略高度，以"尖、精、广、严、柔、快、安"七字秘诀打造供应链赋能模型，旨在帮助万千个人经济体迎接时代变革所带来的创业及发展红利，实现个人IP价值和事业发展双腾飞。

具体而言，三生制定了明确的供应链战略，确保供应链与企业整体战略相一致，包括确定供应链目标、定位、关键成功因素和行动计划。

本节将全面展示三生如何通过"七字秘诀"供应链战略，打造个人经济体时代的优质创业平台。

尖：内外"尖"修，构建品质护城河

尖端技术是现代企业的生命线，而内外兼修的技术实力则是通往成功的必由之路。

——比尔·盖茨

尖，指尖端科技，它不仅是产品品质的坚实堡垒，更是企业持续发展的核心动力。对任何企业而言，尖端科技的打造都要内外"尖"修。

以阿迪达斯为例，该公司不仅注重内部团队在材料科学、人体工学方面的自主创新，也积极寻求外部合作，与化工巨头德国巴斯夫等合作伙伴携手，共同探索科技边界。

2007年，阿迪达斯、巴斯夫将TPU（热塑性聚氨酯弹性体）这一看似普通的材料经过特殊工艺处理，变成了如同爆米花一样的微型能量胶囊。每一个颗粒都拥有极其强韧的回弹效果，数以千计的这些小颗粒，仿佛蕴藏着无尽的能量。

这一技术被命名为"BOOST缓震科技"。用户穿上搭载这种缓震科技的跑鞋，每踏出一步，微型能量胶囊就如同被压缩的爆米花一样瞬间吸收、释放出能量——不仅有效缓解脚部冲击，还能将能量回馈到步伐之中，让用户感受到前所未有的轻盈与舒适。

如今，"BOOST缓震科技"已成为阿迪达斯运动鞋的代名词，赢得无数运动爱好者的喜爱和追捧。

三生在研发方面也深知内外兼修的真谛，既有自我投入、做好内功，又有与"外脑"合作、修炼外功。

三生拥有自己的研究院和研发团队，对产品研发源头进行严格把控，确保每一款产品都能让合作伙伴和消费者安心、放心。同时，三生也与业内顶尖科研院所紧密合作。

从2015年开始，三生就与中国食品行业中历史悠久、专业配套齐全的中国食品发酵工业研究院深入合作。中国食品发酵工业研究院创建于1955年，是国务院国资委管理的中央企业二级单位，在小分子肽领域一直处于世界领先水平。与三生达成合作以来，中国食品发酵工业研究院一直为三生产品品质保驾护航。2024年，双方进行了中药发酵技术创新和应用——在现代科学技术的加持下，中药发酵这一古老技术成为三生旗下品牌"御坊堂"产品的重要技术支撑。

2019年8月，三生开始与中国工程院院士、江南大学校长陈卫团队对接，进行项目合作探讨。

江南大学是中国第一批211高校之一，拥有中国食品领域中唯一的食品科学与工

程国家一级重点学科和食品科学与技术国家重点实验室，益生菌和功能食品方面的研究处于领先地位，日化领域的研发实力和技术储备也在全国处于领先水平。

2020年，三生与江南大学完成战略合作签约，依托江南大学的科技优势和人才优势，结合自身的平台、资源、市场优势，加快促进科研成果转化。

通过与中国食品发酵工业研究院、江南大学等科研院所、高校专家团队的战略合作，三生为合作伙伴提供最优产品和服务解决方案，帮助合作伙伴在个人经济体时代成为抓住时代红利的弄潮儿。

精：精品战略打造金牛产品、明星产品

一个精品胜过千万个平庸之作，它是企业价值与品质的最好诠释。

——菲利普·科特勒

精，就是精品战略，是指企业通过聚合资源，专注于打造高品质、独特的产品或服务。这种战略的核心在于满足消费者的个性化需求，提高产品或服务的附加值。

在市场竞争激烈的环境下，精品战略能为企业带来可持续发展。

1970年，美国著名管理学家、波士顿咨询公司创始人布鲁斯·亨德森创立了波士顿矩阵。波士顿矩阵，又称市场增长率—相对市场份额矩阵、产品系列结构管理法等。

按照波士顿矩阵原理，金牛产品和明星产品是波士顿矩阵中最重要的两类产品，它们被视为企业精品。

金牛产品位于波士顿矩阵右下角，是低增长率但高市场占有率的产品。金牛产品的战略意义在于，这类产品已经进入成熟期，具有稳定的销售量和较高的利润率，能为企业带来大量的现金流。这类产品不需要企业投入太多资源，就能为企业带来可观的收益，并为其他产品的发展提供资金支持。

明星产品位于波士顿矩阵右上角，是高增长率且高市场占有率的产品。明星产品的战略意义在于，它具有巨大的市场潜力和发展前景，能为企业带来销售额和利润的快速增长。然而，这类产品也需要企业投入大量资源，以维持其高增长率和高市场占有率。

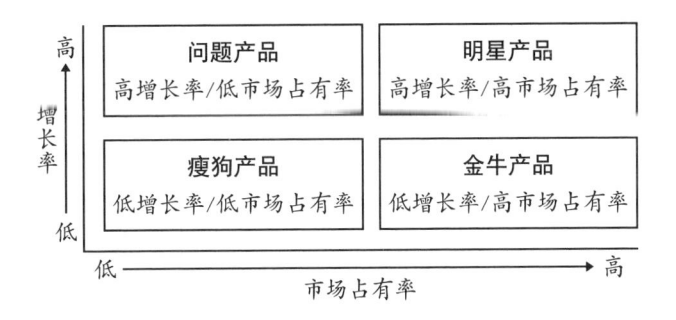

高	问题产品 高增长率/低市场占有率	明星产品 高增长率/高市场占有率
增长率		
低	瘦狗产品 低增长率/低市场占有率	金牛产品 低增长率/高市场占有率
	低　　　市场占有率　　　高	

显然，精品战略在波士顿矩阵中主要对应金牛产品、明星产品这两种产品类型。

金牛产品为企业提供稳定的现金流和利润，明星产品则代表企业的未来发展方向和市场潜力。企业可以通过合理配置资源和资金，在保持金牛产品稳定发展的同时，加大对明星产品的投入和研发力度，从而实现企业的长期稳健发展。

三生以精品战略为导向，深谙品牌力、产品力对个人经济体发展的重要性，重金打造御坊堂、东方素养两大品牌。

御坊堂是专注于中医养肾及慢病调理的养生保健品牌。

1999年，三生收购香港御坊堂药业，以传统的海狗丸为基础进行配方改良和技术创新，推出"御坊堂海狗丸"。

2001年，三生将御坊堂系列保健产品推向内地市场。如今，御坊堂已拥有御坊堂养肾三宝、御坊堂慢性病调理两大系列十余款产品及多家御坊堂养生馆线下门店。

东方素养则是三生旗下基于国民营养补充而开发的新一代植物营养食品品牌，是三生践行精品战略打造的另一个品牌。

东方素养以其独特的东方食养智慧，结合世界顶尖的营养科技，传递"科学+营养=东方素养"的品牌夙愿。

东方素养在原料选择上独具匠心，从澳大利亚燕麦到南美洲藜麦，从青藏高原青稞到东南亚椰子油，每种原料都经过严格筛选，确保产品的高品质。同时，该品牌还推出了大量食源肽类产品，包括大豆肽、小麦低聚肽等，为消费者提供多样化的选择。

在科技投入方面，东方素养同样不遗余力。东方素养掌握了胚芽酵解、微胶囊包埋等多项核心前沿营养技术，通过科学手段提升产品的营养价值和安全性。

东方素养以其丰富的产品选择、可靠的产品品质，成功传递了"科学+营养"的品牌理念。

产品是企业的生命，精品则是个人经济体开拓市场、打造事业、成就个人价值的核武器，三生通过御坊堂、东方素养两大精品品牌，为个人经济体合作伙伴源源不断地输出精品，帮助其承接时代红利、打造个人IP。

广：链接海量爆品，助力市场开拓

企业的目的是创造顾客，而品类的多样化则是满足顾客不同需求的重要手段。

——彼得·德鲁克

广，就是产品线足够广，这能提高个人经济体的成交频次、成交概率。

平台能否提供产品线足够广、产品品类足够多的优质产品，是个人经济体时代个人选择创业平台的关键指标。这两大要素为个人经济体提供的价值是多样化的。

一是满足多样化需求。

名创优品2024财年第一财季报告显示，其核心SKU（最小存货单位，即单品）达到8000个，平均每家门店3000多个SKU，覆盖家居、美妆、个护、零食、玩具、香水等11大品类，每个品类下又有众多细分品类。消费者能从海量选择中满足自己的需求，而名创优品也因此吸引了大量的顾客。

同样地，三生利用产品线广、品类多的优势，帮助个人经济体迎合不同消费者的偏好、习惯和特定需求，从而吸引更广泛的客户群体。

二是增加市场份额。

以良品铺子为例，其大量的SKU意味着它能满足更多消费者的多样化需求，能提高品牌在零售渠道中的市场份额和竞争力。

对三生这类个人经济体创业平台而言，产品线广、品类多，就意味着个人经济体能为消费者提供更多选择，有机会占领更多市场份额，提高市场竞争力。

三是提升客户忠诚度。

宽广的产品线，让消费者形成一种"在三生总能找到自己心仪的产品"的感觉，让消费者对三生形成信赖甚至依赖，这是一种高境界的忠诚度。

四是适应不同场景。

三生的产品线实现了全场景覆盖，涵盖生活的方方面面，可以适用于多种使用场景，如家庭、工作、休闲等，这增强了产品的适用性。

此外，促进交叉销售。 消费者在众多品类中挑选时，可能会顺带购买其他相关或互补的产品，这就为个体创业者增加了展业点。

个人经济体时代，面对海量合作伙伴的展业需求，平台必须将自身打造成优质

产品源平台，源源不断地向合作伙伴提供品类丰富的优质产品，帮助其快速构建自己的事业。

除经营自身产品外，2023年，三生还推出链商机制，打通京东、淘宝、天猫、饿了么等众多平台供应链，通过链接外部优质供应商资源，从过去的衣食住行扩充到生活的方方面面。

这一举措大大地扩充了合作伙伴的产品库，也最大限度地支持合作伙伴在个人经济体时代快乐分享、轻松展业，打造自己的个人IP。

严：严控出精品，口碑赢市场

质量是维护顾客忠诚的最好保证。

——杰克·韦尔奇

严，指的是严格把控产品质量，确保市场口碑一流。严格的产品品质控制，不仅体现在企业的内部运营和长期发展上，也体现在对消费者、市场及整个社会的贡献上。

最显著的贡献就是提升消费者满意度和忠诚度。

严格的产品品质控制能确保产品符合既定质量标准和消费者期望，从而提升消费者满意度，让消费者更有可能成为品牌的忠实粉丝，并为企业带来口碑效应和重复消费。

这无疑是合作伙伴最喜欢的事——因为他们最担心的就是好不容易拓展的客户因产品问题弃他们而去。而且，这种离弃往往很难再找回来。

作为国内农产品和食品加工领域的佼佼者，益海嘉里金龙鱼始终坚守严格的品质管控体系，将每份产品都视为对消费者健康的庄重承诺。

这种严格并非空洞的口号，而是贯穿于产品从生产到流通的每个环节。该品牌打造的"四全一新"质量安全管理模式，守护着食品安全的每一道关卡。

"四全"指的是全球供应链确保原料来源的纯净与可靠，全产业链管理让生产流程更加透明高效，全方位创新让产品持续满足消费者的健康需求，全过程监督让每一道生产工序都在严格监控之下，确保质量始终如一。

为了将这份严格落到实处，该公司更将风险控制前置，建立了从农田到餐桌的高品质监管体系——绘制了详尽的"风险地图"，对风险隐患一一进行排查，确保在源头筑起一道坚固的防线。

同样坚守品质底线的三生，也通过其独特的质量管理体系，将每一份产品都打磨得尽善尽美。

三生通过质量检验、过程控制和持续改进，不断提升产品和服务的质量水平。各生产线均通过保健食品GMP认证、化妆品GMP认证并取得相应的生产许可，以确保其产品的质量和安全性。生产车间均通过ISO9001质量管理体系认证，食品、保健食品车间还通过HACCP、ISO22000食品安全管理体系认证。

三生独创"七优品质管控体系"，实施设计开发、供方管理、来料控制、质量保证、质量控制、售后服务和体系管理七个方面的全过程管理，以实现"从种子到餐桌"的严格把控。

这种对品质的执着追求，让三生的产品在市场上赢得了消费者的广泛赞誉和信赖。

值得一提的是，相较于其他传统质量管理体系，三生的"七优品质管控体系"的最大优势是可以实现服务全覆盖，通过完全把控原料和研发的源头，最大限度地消除三生产品的质量安全风险。

以东方素养为例，该品牌严格执行全产业链"七优品质管控体系"，并开发了

智能化、信息化的身份识别系统，让产品从生产到流通的每个环节都有源可溯。

柔：让听到炮火的人来指挥生产

差异化是企业竞争的核心，个性化是企业竞争的利器。

——迈克尔·波特

柔，就是柔性生产。

"柔性生产"的概念起源于1965年，由英国莫林斯（Molins）公司首次提出，是指一种能够根据市场需求的变化灵活调整生产流程和产品组合的制造模式。

这种生产方式能增强企业的灵活性、缩短产品生产周期、提高设备利用率和员工劳动生产率，具有高度定制化、适应能力强等核心优势，能有效应对大规模定制。

三生建立了强大的柔性生产体系，这得益于三生有强大的自主研发能力、生产能力，以及与之匹配的、稳定的供应链体系。

三生持续观察从研发端到设计端再到采购端的市场最新动态，比如是否有新原料、新产品、新颖的设计出现，客户是否有新需求等，而后快速响应，满足市场需求。

在个性化定制层面，三生旗下东方素养品牌的肽素乳是广受市场赞誉的爆品。在了解到市场上有一支专注于视力保护的团队希望公司推出有保护视力价值的肽素乳产品后，三生立马安排研发团队和市场服务团队进行跟进。很快，三生视百年叶黄素酯肽素乳就交付到视康团队产品资源库中，并迅速成为市场爆品。

三生有专注于减脂的团队，于是，根据市场需要，推出了"脂达人"系列产品；三生有注重形体管理的团队，于是，又推出了形体雕塑系列产品。

"让听到炮火的人来指挥生产。"三生与市场保持着密切沟通，并凭借强大的研发能力和生产能力，来实现小批量、个性化的私人定制。柔性生产为市场提供了强大动力。

快：天下武功，唯快不破

在快速变化的市场中，迟缓就意味着死亡，快速响应是生存和发展的关键。

——杰夫·贝佐斯

快，有四大关键含义。

一是洞察快，强大的市场调研团队和研发团队，能捕捉市场和科研方面的动态，始终站在市场前沿；二是生产快，当市场出现新商机、新需求时，可以快速反应，推出相应的新产品和新服务；三是服务响应速度快，主要体现在物流高效、服务高效两大方面；四是迭代快。

经过几十年的经济高速发展，中国消费者对"快"非常敏感，个体创业者只有"发货快"和"服务快"，才能抓住成交机会；只有保持产品快速迭代，才能始终保持领先。

近年来，三生基于强大的供应链体系，针对"四快"进行了全新布局和品质升级。

三生引入先进的生产技术，大大提高了生产效率和产品质量，确保第一时间为合作伙伴打造展业所需的市场爆品。

同时，三生关注行业发展趋势，及时引入新技术、新工艺，保持领先地位，也快速跟进市场需求及潮流趋势，确保企业一直站在前沿，帮助合作伙伴以最快的速度抓住市场机会。

现代物流对拥有海量个人经济体合作伙伴的平台具有重要价值，可以说，谁拥有物流优势，谁就能在竞争激烈的市场中占据优势地位。

三生已经联手国内顶级物流公司——京东物流，建立了高效的物流配送体系，通过合理的运输方式选择、路线规划和配送时间管理，提高物流效率，确保产品快速、准确地送至客户手中，助力个人经济体合作伙伴快速展业。

而在服务响应层面，三生通过建立完善的客服系统，24小时为客户答疑解惑。通过集团公司客服部24小时的售后服务，明显提高了客户满意度。

多位三生的高级伙伴表示，三生的物流体系和客服体系，是其快速展业、打造个人IP和事业丰收的重要保障。

安：强内功，誉满墙

最好的营销策略是提供卓越的产品和服务。

——菲利普·科特勒

安，是指合作伙伴使用和推荐得安心，消费者使用得放心。

为了确保合作伙伴和消费者享有安心产品，三生着重从供应链质量管理发力，借助数字化平台——中台和大数据决策系统，更好地为市场需求的准确预测提供有力支持。

同时，三生严格按照"七优品质管控体系"、GMP管理体系、ISO9001质量管理体系等质量管控体系的要求进行仓储管理。

比如，按储存物料类型，可将仓库分为食品原料库、日化原料库、食品包材库、日化包材库、食品添加剂库等；按储存条件，可将仓库分为常温库、阴凉库、冷藏库、冷冻库等。

不仅如此，三生还进行仓库规范性与精细化管理，确保每款生产用物料的质量稳定性，为客户提供可靠、安心、放心的产品。

在个人经济体时代，创业者判断合作平台品质还有一条捷径：看平台的品质认证和获得的荣誉。

从2003年至今，三生荣誉墙上如星光般璀璨。

早在2003—2006年，三生旗下著名品牌御坊堂的拳头产品海狗丸就连续成为第二届、第三届、第四届博鳌亚洲论坛唯一专用保健品，并于2005年荣获世纪金杯奖。

2009年，三生成为2009"APEC经济体高官论坛暨中国全球经济成长中国峰会"论坛官方合作伙伴，御坊堂海狗丸成为论坛唯一指定保健食品。

此后数年，三生多次成为APEC工商领导人中国论坛的战略合作伙伴。

2011年迄今，三生不仅获得中国食品安全大会安全管理十强企业、社会责任领军企业等多项荣誉，还在产品质量、科技创新方面取得显著成果。

2023年，御坊堂海狗丸成为第三届健康丝绸之路国际合作论坛指定保健食品、2022亚太区最具品牌价值产品，东方素养肽素乳获评2022亚太区最受消费者喜爱产品、家庭健康创新产品，东方素养谷蔬果萃获评2023年度创新营养产品奖，肽参牡蛎饮获评2023年度绿色健康产品。

这些荣誉充分证明三生在健康领域的领先地位。三生立足于自己强大的研发实力和质量管理体系，将企业、品牌和产品秀出来，获得社会各界的高度赞誉。

可以说，满墙荣誉对三生安全可靠的供应链价值进行了最好的诠释。个人经济体时代，选择一家经过社会各界验证的大型合作平台，是个人实现事业上升和价值提升双丰收的重要保障。

第五节

营销链定大小

让创业更轻松。

"打败了所有竞争对手,却输给了这个时代。"大润发创始人黄明端离任时说的这句话,成为这个时代对商战的最好注解。

大润发曾是零售行业的顶流,创下连续19年不关一家店的商业奇迹。但面对电商的冲击,大润发节节败退,最后被阿里巴巴以200多亿元拿下,并迅速更换了董事会,黄明端黯然离场。

随着科技的进步,商业模式的迭代越来越快。许多曾经的行业巨头由于未能及时洞察并适应新技术的发展趋势,而被新兴企业取代。

这个时代要抛弃你,都不会和你说再见。正如刘慈欣在《三体》里写的——"我要毁灭你,与你有何相干?"

在快速变化的社会和商业环境中,个体或平台即使在竞争中取得了显著的成就,也可能因为无法适应时代的变迁而遭遇挫折或失败。

但对时代变迁进行反思后,你就会发现,每个时代都有其独特的机遇,那些能够准确把握时代脉搏、勇于创新和变革的个体和组织,会立于不败之地。

营销模式进化是最好的生存

被电商尤其是直播电商冲垮的，远不止大润发。

近年来，包括法国家乐福、韩国乐天玛特、美国百思买、英国乐购在内的多家外资零售巨头纷纷在华败退。而全球零售巨头沃尔玛反而凭借快速的自我进化，快速扩张，业绩坚挺。

沃尔玛2025财年第一季度财报数据显示，沃尔玛中国第一季度净销售额为57亿美元，同比增长16.2%，可比销售额增长12.5%。

这得益于沃尔玛积极拥抱电商尤其是社区化和数字化浪潮，悉心经营线上线下的社区业务。山姆会员商店、电商业务增长强劲，成为沃尔玛领跑的重要推动力。

"一招鲜，吃遍天"已成为历史，快速迭代成为成功的密码。

现在看起来有所创新的商业模式，可能不久后就成为落后分子。以电子商务为例，该模式本身的进化速度同样越来越快。

20世纪90年代是中国电子商务的起步期，当时，更多的是B2B模式。2003年"非典"疫情后，电子商务出现井喷，B2C、C2C模式兴起，天猫、京东等传统电商陆续出现。2015年，社交电商代表拼多多强势崛起，与天猫、京东形成三足鼎立之势。2017年，兴趣电商崛起，以抖音为代表的直播电商成为主流。传统电商京东在2024年春节期间开始"硬抢"直播带货主播董宇辉，未能如愿后，刘强东干脆亲自下场携数字人直播带货。

电商风云的背后是营销模式的变革。技术快速发展，唯有加强自我进化、勇立浪潮之巅，才能激流勇进。

在直销领域，三生是一家在商业模式上自我进化的平台。《大败局》一书中记录着当年保健品江湖的沉浮，多少英雄雨打风吹去，三生却因营销变革而一路

长青。

20世纪90年代是保健品发展的"黄金年代",三生的前身主要采用保健品行业普遍的OTC模式(非处方药模式),也就是在药房、药店或其他销售渠道中销售保健品,赚下了第一桶金。

进入21世纪,OTC模式江河日下,直销模式崛起。2004年,三生抓住风口转型做直销,进入第二波高速发展期。

2009年,移动电商崛起。三生推出有享网,并与中国电信合作,成为行业第一家实现3G商用的企业,实行人网(人员销售网络)、地网(专卖店网络)、天网(移动互联网)的"三网合一"营销模式,迅速跻身行业前列。

此后的三生,一直踏着技术变革与营销模式进化节点迭代升级,无论是社交商业的变革,还是新零售模式的兴起,三生都紧跟时代步伐。

个人经济体时代的链商模式

新质生产力时代,生产要素配置发生剧烈变革。尤其是随着物联网、大数据、算法、人工智能的发展,生产资料的所有权、使用权高度分离,所有权被越来越多地配置到公众平台上,无论是企业还是个体,采用链接的方式,就能以极低的边际成本甚至零边际成本获得这些生产资料的使用权。

这使得企业和个体获得生产资料的使用权变得没有边界,使个体获得成为经济体的可能,这也为商业模式带来深刻变革。

在这一背景下,三生抓住时代脉搏,在2023年将企业的战略定位由之前的"打造最佳创业平台"升级为"打造个人经济体创业平台",树立了"打造个人经济体梦工厂"的目标。

实现之道则是新一代营销模式"链商模式"——利用互联网、物联网、大数

据、算法、人工智能等先进生产力，通过链接方式，将各领域、各平台的商品和服务汇聚于三生B2B链商服务平台，与各B端的合作伙伴实现生态共建共享。

链商把消费者原来割裂存在于各平台的消费场景统一链接到了三生平台，这些平台既包括京东、淘宝、天猫、拼多多等传统电商平台，也包括美团、大众点评等本地生活平台。

基于三生的直销逻辑，原本毫无关系、零散、割裂的消费行为均汇总统一。合作伙伴原来的利润来源只限于三生提供的产品和服务，现在扩大到了生活的方方面面。

实际上，链商模式已成为各行各业领军企业的首选。

链家、美团、滴滴、三生都是链商。链家是房地产的链商，美团是本地生活的链商，滴滴是网约车的链商，三生则是社交电商的链商。

链商模式的兴起，颠覆了社交商务的传统模式，极大地扩充了个人经济体的创业边界，实现了万业皆可互联、万品皆可成交、万物皆可返利。

最好的营销赋能是模式赋能

采用链商模式是三生营销模式的质变。为了实现模式落地，三生一方面打造了简单快捷的创业工具系统，另一方面打造了赋能生态，给平台上的个人经济体提供了轻松的创业环境。

为了助推个人经济体创业，三生推出了全链条创业工具系统，通过"一个直播间、一个小店、一个虚拟人、一个社群、一份事业"的创业"五一工程"，实现"一键注册、一键转发、一键分享、一键创业"，为个体建立一份管道收益，让个体创业者升级为个人经济体。

此外，三生的"五星营销赋能生态"也应运而生。

一是全域"种草"。

"种草"是一种广泛应用的网络营销手段和推广方式。在小红书、抖音等各大平台"种草",已经成为各大品牌的一种共识。广义的"种草"代表着一种积极的推荐和分享行为,同时也是一种激发消费者购买欲望的有效手段。

在"种草"一词被广泛应用之前,三生已经以实际行动在广泛"种草"。比如在央视、高铁、机场、路牌等载体投放广告。社交媒体出现后,三生的小红书官方账号粉丝数量已达到行业领先,其新媒体矩阵(包括抖音、快手、视频号等平台)实现了全域覆盖,还在抖音开展了"#你肽美#三生胶原蛋白肽抖音挑战赛""#美得刚刚好#三生抖音全民任务"等活动。

三生还发起了声势浩大的"群众种草活动",号召合作伙伴全民种草,并通过培训、提供素材等手段,发动更多的人参与种草活动。

二是私域赋能。

公域引流、私域运营成为当下社交商业的主流模式。通过种草实现公域引流的同时,三生还打造了完整的私域赋能系统,比如采用"健康社群、减脂营、超能清养营"等经典模式,极大地提升了私域运营能力。

三是爆品出圈。

这是一个爆品为王的时代。爆品在商业领域具有显著且多方面的作用,它们不仅能直接推动销售业绩增长,还能在品牌塑造、市场拓展、顾客忠诚度建设等方面发挥重要作用。

三生的爆品战略就是打造御坊堂补肾系列和东方素养植物营养系列。这两大爆品均以领先科技、独特理念、卓越品质、聚力营销迅速出圈,成为该品类的经典代表,不仅创造了耀眼的业绩,还带动了三生其他产品发展。

四是类人技术。

特斯拉创始人埃隆·马斯克认为，机器人将逐渐取代人的工作。随着人工智能的发展，越来越多的智能助手逐渐替代了人类的工作，并且拥有比人类更强大的能力。

除了常见的数字人赋能外，三生还发展类人技术，构建了"人人有AI助理"的技术体系，规划了覆盖客服、教育、运营、营销、私域、企划、店铺、研发、技术、行政领域的十大AI助理。这十大AI助理，基本实现了类人技术的全覆盖，提升了营销的便利性和效率。

五是势能引爆。

企业在经营过程中，需要不断地释放强劲的发展动力和潜在能量，以激发市场信心和动力，从而形成强大的营销力量，引爆市场。

比如，小米设定了每年的势能引爆活动，举办雷军年度演讲、新品发布会、米粉节、小米感恩节等活动，这些活动成为米粉们每年翘首以盼的盛宴，强势引爆了品牌势能。

无独有偶，三生也有类似的活动。

一是嘉年华。 三生每年5月会举办盛大的嘉年华活动，吸引几万人到总部参观互动，同时在各地举办各种形式的小型嘉年华活动。2024年三生嘉年华活动期间，伍斌（三生荣誉董事）团队举办了23场每场规模达2000人的小型嘉年华活动。**二是市场年会。** 每年年底，三生会举办盛大的市场年会，人数规模达几万人。新战略发布、新产品发布、大咖演讲、市场表彰等各种活动，加上精心策划和布置的现场，最终形成强大的势能。**三是旅游奖励。** 根据国际奖励旅游精英协会（SITE）的定义，旅游奖励是企业或组织为实现特定的业务目标，给予实现该目标的参与人员（如员工、客户或合作伙伴）一个尽情享受、难以忘怀的旅游假期作为奖励。

三生每年会对高阶业务精英举办海外旅游奖励。为了达到尽情享受、难以忘怀的目的，每次旅游都会对旅行社挑选、方案策划、路线选择等方面进行精心准备，旅游过程中还会策划各种体现企业文化、激励市场团队的活动。通过旅游奖励，不仅对优秀成员进行激励，也激励更多的合作伙伴达成目标，去享受下一次旅游奖励的欢乐与尊荣。

如果说数字蜂巢个人经济体平台赋能模型的目的是让创业更简单，那么营销链的赋能则是"让创业更轻松"。

第六节

服务链定优劣

> "卷服务"比"卷"其他任何方面都更加有效。

服务是品牌与个人之间最温暖的纽带，是品牌最坚实的基石。

服务是品牌与顾客之间最无声的语言，是品牌价值的传递者。

海底捞是这一理念的坚定实践者，"我们不仅是美食提供者，更是愉悦用餐体验的创造者"是创始人张勇的核心信条。

这家从路边的小排档发展起来的行业标杆能够取得成功，靠的就是"令人发指"的服务。

海底捞将对顾客的服务做到了极致，它对自己的员工尤其是普通服务员的服务同样细致入微。

餐饮业服务员可能是这个世界上离职率最高的群体之一，他们经常会受到客人刁难甚至歧视，这个岗位上的年轻人经常负气离职。海底捞的服务员大多是初中或中专毕业，他们中的多数人来自张勇的农村老家，但他们却是最稳定的餐饮业工作群体之一。

大多数餐饮店老板给服务员租赁的宿舍在城中村里，但海底捞的员工宿舍位置

优越，通常位于正规小区或公寓中，配备有电视机、洗衣机、空调、电脑等设施。此外，宿舍里还有宿管阿姨。宿管阿姨不但提供清扫、洗衣等服务，还会给员工进行心理辅导，像母亲一样照顾这群离家的孩子。

这些服务硬是让一个高离职率的群体变成了中国最稳定的就业群体之一。

在这个不缺好产品的年代，客户更看重的是舒心。**企业员工也好，合作伙伴也好，能留住他们的，往往是服务而不是产品。**

很多时候，客户因被产品吸引而进来，却因对服务不满而离开。屡见不鲜的是，费了九牛二虎之力让顾客上门，一句不中听的话、一个不经意的眼神，都能让顾客拂袖而去。

海底捞的故事是"卖产品，更要卖体验"理念的生动诠释，证明卓越的服务体验是品牌成功的关键。

这对个人经济体的意义在于，在选择创业平台时，除了要关注平台的产品外，更应考量其服务体系的成熟度。一个健全、高效的服务体系，不仅能降低个人经济体在服务上的成本，还能为用户创造更多价值，让平台、个人在激烈的市场竞争中立于不败之地。

为什么三生能成为众多个人经济体梦寐以求的伙伴？答案隐藏在其对服务的深刻洞察之中。

三生明白服务的重要性，构建了一套全场景、全链条、全周期、全体验的服务体系，从与客户初次接触那一刻起，直到产品交付后的每个细微环节，都在其服务版图之中。

客户会因为一次贴心的服务成为三生的忠实拥趸，不仅自己加入平台，还将这份美好分享给身边的人，吸引更多的人加入进来。

2024年5月，由中国国际贸易促进委员会商业行业委员会、中国国际商会商业

行业商会、客户观察主办的"弘扬服务精神，传递微笑服务"——2024（第八届）中国客户服务节在湖南衡阳举行，三生获评"2024年中国客户服务节最佳明星班组——综合服务部"。

全面：全场景的服务体验

全场景服务的本质是满足客户需求。

山姆会员商店一直是沃尔玛的明星业务。不过，从2020年开始，随着消费者场景化需求的多样化趋势日益明显，仅依赖线下规模优势的山姆会员商店，已不能满足顾客的需求。

例如，亚马逊Prime会员可以享受快速配送、海量商品选择和定制化推荐等服务，这让习惯了线下购物的山姆会员开始"逃离"。

时任山姆会员商店首席执行官的凯瑟琳·麦克莱（Kathryn McLay）是位卓越的女性职业经理人，她意识到，如果不及时调整策略，强化线上线下融合的全场景体验，可能会失去一部分忠实顾客！

麦克莱没有坐以待毙，而是积极应变。在她的带领下，山姆加快了数字化转型步伐，织就了一张"从线上到线下、从产品到服务"的全场景服务体系网。

线上，山姆会员商店大幅优化了App功能，引入了智能商品推荐系统；线下，则增加了互动体验项目，如试吃活动、亲子游乐区等，让顾客的到店体验更加丰富多彩。

此外，山姆会员商店还强调服务领先——无论是线上客服的耐心答疑、快速响应，还是线下员工的贴心引导、专业建议，山姆总能在顾客需要的时候出现，用细心周到的服务消除其购物疑虑。

最终，以上举措弥补了线上购物对山姆造成的冲击，还进一步巩固了山姆在顾客心中的品牌形象，使其在全场景服务竞争中占据了有利位置。

2024年，山姆会员商店成为沃尔玛中国业务增长最强劲的板块。

从以上案例可以看出全场景服务的本质——一种适应多种场景需求的服务策略，通过整合资源和优化流程，为用户提供全方位、个性化的服务体验。

全场景服务方案的目标是为用户提供无缝、便捷和高质量的服务体验。通过将不同场景下的服务整合起来，提高用户满意度和忠诚度，实现企业价值最大化。

三生基于服务个人经济体及消费者需求打造的以"家庭健康生活"为核心的"八大触点"全场景服务系统，与山姆的理念有着异曲同工之处。

三生服务链制定了专门的使命和愿景——"为用户提供五星服务体验，围绕用户全生命周期管理做好服务营销、提供服务价值"。

针对用户需求，三生设立了八大服务触点：呼叫咨询、在线服务、业务处理、门店服务、售后服务、物流发货、行政后勤、VIP服务。

有人说，三生像无所不能的"服务九宫格"，无论消费者在哪个角落、需要何种帮助，总有一位"服务英雄"随时待命。

全场景服务的最终效果就是服务更主动、接入更及时、推送更精准、反馈更到位。

精细：全链路的分级体系

会员不仅是个称号，它是我们与顾客之间深厚关系的体现。我们希望通过会员体系为顾客创造归属感，让他们感受到自己是这个大家庭的一部分。

——山姆·沃尔顿

在数字时代的洪流中，小红书，这个由瞿芳、毛文超携手打造的社交平台，正以其独有的魅力，引领着新一代消费者的风尚。

内容创作者是小红书最核心的个人经济体。作为集内容分享、社区互动于一体的个人经济体平台，小红书的"全链路分级体系"是一套精心设计的成长引擎。

探究这一体系的建立缘由，要从小红书创立初期谈起。

初露锋芒之时，小红书面临着一个尴尬的现实：虽然内容很多，但优质内容常被淹没在海量信息中，优质创作者的努力无法得到应有的回报。

如何让优质内容被更多人看见？如何让创作者的价值得到充分彰显？这些问题如果不能解决，小红书就很难成为真正赋能创作者的平台。

一个大胆的想法在瞿芳心中萌芽——创建全链路分级体系，不仅服务用户，更要用"会员制"服务那些具有不同级别影响力、创造力的内容创作者。

她决定采取行动，将创作者分为几个不同的"成长等级"，每个等级对应着不同的特权、服务和支持。

这个体系，具有两个特点：

第一，设定分级门槛。

小红书像个精巧的筛选器，通过影响力、活跃度、关注度等指标进行创作者分级和门槛设计——这并非为了限制，而是为了汇聚和提升效率。

正如瞿芳所说："我们追求的不是顾客的数量，而是质量。"通过分级体系，小红书汇聚了一群认同平台理念、追求高品质生活的创作者和用户。

第二，对于高阶个人经济体，小红书提供了定制化的特权，如流量扶持、品牌合作机会、专属客服等。

这些服务不仅体现了对创作者价值的认可，更让"物有所值"变成"物超所值"；不仅增强了优质创作者的归属感、满意度，也促进了内容生态的繁荣。

作为国内大健康直销平台的代表，三生同样凭借其对会员制的深刻理解，实行会员分级管理制度。

三生有各种不同的会员级别，不同级别的会员有不同的权益，以"幸福列车"会员体系为例，其为个人经济体提供全链路分级服务体系。

第一节车厢是"头等舱"。这一档次的会员，可以享受每月六次购物免邮权益、免费体验公司新上市产品、免费健康理疗、生日当天专属礼遇、每消费一元翻倍返三生豆、资深客服"一对一"等专属服务。

第二节车厢是"新人有礼"。每位新加入三生的会员，都可以用较低的价格购买一份畅销款益生菌组合礼品。

第三节车厢是"复消有礼"。重复购买七个消费场景，一共40多款套餐的季度、年度套餐，可获得不同级别的产品抵扣券。

第四节车厢是"晋升有礼"。三生将会员分为有享云店、青铜云店、白银云店、黄金云店、钻石云店、VIP六个等级，会员升级时，会赠送价值不等的产品满减券。

第五节车厢是"生日心选"。会员生日当天二十四点前，享受买一得三的特权，用一份产品的价格就可以带走三份产品。

第六节车厢是"续约有礼"。凡是成功续约的会员，每年都可以免费领取价值500元的超级续约套餐一份。只要不离不弃，三生将始终用心相随。

会员分级管理是现代商业运营中不可或缺的一部分，能帮助平台上的个人经济体优化资源配置、实现数据驱动，以更好地服务于消费者并实现可持续发展。

极致：峰值体验的WOW时刻

超越客户期望是成功的关键。

——里德·哈斯廷斯

服务链的终点不是制度，而是超越预期的理念。正如著名管理学家彼得·德鲁克说："满足客户只是基础，超越客户预期才是真正的竞争利器。"

这就是"超预期效应"，也就是给客户制造惊喜，让他们留下，并主动分享。

著名的例子就是宜家的雨天伞降价策略。

宜家在其门店中实施了一项策略：在雨天将雨伞的价格降低。这一做法看似不符合经济逻辑，但宜家却巧妙地利用这一策略来制造惊喜和好感。

当顾客在雨天急需雨伞时，发现宜家提供的雨伞不仅质量可靠，而且价格比平时更低，这种贴心且超预期的优惠，让顾客对宜家产生了极大的好感。

这一策略不仅提升了宜家的品牌形象，还吸引了大量顾客在雨天光顾，并促使他们在店内进行更多消费。同时，顾客在社交媒体上的分享，也进一步扩大了宜家的品牌影响力。

再比如阿芙精油，它的理念是：无论买什么，赠品都比买的东西多。

哪怕你只买了10mL的精油，你也同样能收到一大堆赠品。

当你打开包裹的时候，可以想象到你的惊喜表情！收到这么多东西，你会不会产生发个朋友圈的冲动，会不会爱上这个品牌？

无独有偶，三生深谙消费者心理需求，提出"全快感"服务理念，旨在创造令人惊叹的用户体验，探索能引发"WOW"感叹的峰值体验时刻。

"全快感"服务理念贯穿三生整个服务链条。针对市场九大服务需求，三生不仅去满足需求，还为每个需求制定了更高的标准，那就是"订单易、产品好、物流快、售后佳、素材详、业绩清、培训强、工具全、接待亲"。

三生追求每个触点超预期的服务，从而让消费者不断获得峰值体验，三生把这个体验时刻叫作"WOW时刻"。

这些时刻之所以被称为"峰值体验时刻"，是因为在整个体验过程中，消费者无论是在情感、认知层面还是在行为层面，都达到了某种极致或高潮，决定了他们

对整段经历的整体评价。

在三生的服务场景中，把"WOW时刻"做成了常态。

每年的旅游奖励，消费者全程都在感受惊喜——无论是出发仪式还是入住的酒店，无论是线路安排还是当地的接待，处处充满惊喜。

就连每次入住的酒店的床头欢迎卡，都倾注了匠心。晚上，消费者回到酒店，他那一天中精彩时刻的照片集就已经制作出来，摆放在了床头。

还没欣赏够照片，手机又响了起来，打开一看，精彩时刻的短视频也发了过来，让人忍不住在朋友圈转发视频。

这其实是一种巧妙的服务设计。峰值体验强调，消费者最难忘的是"峰"（最好或最坏的时刻）和"终"（结束时的感受）。既要有好的"峰"，也要有好的"终"。三生的设计显然深谙此道，给了消费者一个美好的峰值体验时刻。

宜家的"一块钱雪糕"设计，同样是关于"终"的设计。

顾客在宜家购物结束时，往往感到有些疲惫，此时发现出口处有一块钱就能买到的美味雪糕，而且品质上乘，这无疑是一种巨大的惊喜。

一块钱雪糕作为宜家购物旅程的结束标志，为顾客创造了一种情感上的连接。当顾客在宜家度过了一段购物时光后，这个小小的雪糕成为他们回忆这段经历时的一个重要符号。情感连接让顾客对宜家产生了更深的归属感和认同感。

创造超越客户期待的体验是个人经济体赢得市场竞争的关键策略之一。只有经过精心设计的服务细节和体验环节，才能制造惊喜和愉悦的情感高峰。

第四章

先锋力量：
做中国版的"霉霉"

在探索个人经济体的时代洪流中，每个人都有可能成为自己命运的主宰。六位来自三生的先锋人物以他们独特的光芒，照亮了"做中国版的'霉霉'"的道路。从伍斌的"普通人"智慧，到苏滨描绘的"你未来的样子"，再到黄春荣的阶层跃迁传奇；从龙金红的逆袭之路，到刘建沣的创业自由，再到张秀峰的自我蜕变，这是三生助力每一个梦想者实现梦想的生动实践。他们是个人经济体浪潮中的璀璨星辰，他们生动诠释了时代红利所造就的"让无力者有力、让有力者前行、让前行者更行"。

伍斌：

拉风男人的"普通人"智慧

> 酷爱哈瓦那雪茄和哈雷摩托车，酷爱全球旅行，这个拉风的男人，在事业上却一再让自己成为普通人，倡导把舞台让出来，让普通人轮流上舞台。前行者伍斌，希望做可复制的个人经济体。在三生平台的托举下，他在憧憬350码的急速，更在憧憬一个更加高远的未来。

宁波某酒店顶楼，隐藏着一间精致的雪茄吧。

雪茄柜里有全球各地的名贵雪茄。其中，以古巴哈瓦那雪茄为主，既有多次被评为世界第一雪茄的蒙特克里斯托，也有雪茄之王高希霸。如果再细心一点，你还会找到"罗密欧与朱丽叶"，它是前英国首相丘吉尔的最爱，以其典型的咖啡雪松木香享誉世界。

雪茄吧的主人伍斌，戴着帽子，抽着雪茄，还真有点丘吉尔的样子。

他这顶帽子，是从意大利佛罗伦萨定制的。雪茄柜旁边还挂着各式皮具，包括帽子、手套等，大部分也是佛罗伦萨或米兰设计师的定制作品

房间里还有几个特别的衣柜，挂着十几件摩托车服，全都是哈雷品牌的经典款式。

伍斌的另一大爱好就是摩托车。

哈雷也许不是最好的摩托车，但绝对是最拉风的摩托车。不是因为其造型，而是因为哈雷的文化。

世界上只有1.5个品牌具有宗教般的影响力，"1个"就是哈雷，"0.5个"就是苹果。

可惜乔布斯英年早逝，否则苹果也会像哈雷一样，从一个品牌变成一种信仰。

雪茄吧往北200多公里，是伍斌在上海的老家。在上海长大的伍斌，有着上海男人特有的精致，也不乏海派风格的随性与不羁。

雪茄吧往东南20公里，是秀美的东钱湖。游艇俱乐部的泊位，停着伍斌的游艇，当然，里面少不了他酷爱的雪茄。有时他会带朋友们在湖面上兜上几圈，凭湖临风，坐在甲板上和朋友们畅聊。

雪茄吧往西300公里，是壮阔的千岛湖。湖水淹没了群山，仿佛由山尖构成的小岛郁郁葱葱。在湖边的一个别墅群，住着伍斌和他的家人及一群志同道合的朋友。不过，他们很少在家，只是偶尔过来聚一聚，就像常年在外征战的将士，回到这里休养生息一段时间后，重新披挂上马，拍马疾驰而去，扬起的尘埃落下，这里重归平静，恭候他们的下一个归期。

距离雪茄吧7公里，是三生（中国）健康产业有限公司。这是一家立志"成为全球健康产业中国样本"的企业。这里，就是伍斌人生起飞的地方。

"前行者"伍斌的价值选择

2009年，伍斌加入这家公司。这是浙江省第一家获得直销经营许可证的公司。

其时的伍斌，已经走过一段锦绣般的职业之路，是"三生个人经济体梦工厂"里典型的前行者。

伍斌毕业于华东师范大学。大二期间，他就自主创业，与志同道合的同学一起参与了一个集商场、酒吧、游戏、舞厅、录像厅、咖啡馆于一体的招投标项目，承包了项目中的商场，一年后，伍斌成为管理这家商场的"一把手"，其创业能力凸显。据说因为这位帅气的学生"霸道总裁"，这家商场也成了美女大学生最爱去的地方。

学生生涯结束后，伍斌在上海航天局工作了近三年。虽然在航天局工作，但是他的工作与航天员没有什么关联。伍斌向往的是浩渺的太空，别人羡慕的工作，在他看来只是枯燥的生活，他渴望挑战。

1992年，伍斌毅然辞去航天局的工作，应聘进入AIG（美国国际集团），开始了他长达12年的保险代理之路。

那一年，邓公在南海边画了一个圈，中国改革开放进入新的开端，外资企业不断涌入中国，AIG也迎着中国市场经济的春风乘势杀入中国市场。在AIG工作期间，伍斌与当时众多"92派"企业家一样敢想敢干，迅速成长起来。

直到2004年，伍斌辞去保险公司高层领导工作，转战大健康行业，挂帅上海某著名大健康集团。

一路走来，伍斌的人生旅程可谓"精彩"。

著名作家刘震云说："在人生的长河中，总有一句话会改变人的一生。"他的小说《一句顶一万句》后来被拍成了电影。

一路风生水起的伍斌遇到了一位"改变他一生"的贵人。贵人对他说了"一句顶一万句"的话，"你身上缺少一样东西，那就是缺少一次真正的大成功，你以前的成功都是属于自然的成长。你是一辆超级跑车，但你还没有拉过缸，只有经历过350码的急速，你的价值才会真正体现……"

伍斌开始思考什么是"真正的大成功"，开始重新规划未来的路要怎么走。

这时，他遇到了三生董事长黄金宝。三生打造"全球健康产业中国样本"的宏愿，让伍斌眼睛一亮：这就是他正在找的"真正的大成功"。

人们常说，入职一家世界500强企业，和一起创办一家世界500强企业，是两种完全不一样的人生状态。

在大健康领域深耕多年的伍斌，想到自己能够一起打造"全球健康产业中国样本"，仿佛加速到了350码，有一种前所未有的风驰电掣的感觉。

三生"自尊敬人，惠人达己""做树一样的企业""用匠心精神做产品"等文化理念，更是深深地打动了伍斌，他相信，在这些文化理念的引领下，梦想一定能够实现。

2009年初，伍斌正式加入三生。

伍斌原本到三生可以继续当他的职业经理人，但因为市场伙伴特别需要他投身一线，他便毅然投入了三生的创业大军，大有一种披挂上马、驰骋疆场的豪迈。

然而万事开头难，伍斌刚开始搭建团队时，有些伙伴因为对三生平台信心不足而选择离开，召集会议经常只有2~3人参加。

但这丝毫没有影响伍斌的决心，他坚信梦想一定能实现。哪怕台下只有一个人，他都会满怀激情地宣讲。那种发自内心的热爱深具感染力，越来越多的人汇聚到伍斌身边，之前离开的伙伴也逐渐被感召回来。

队伍在迅速壮大。

伍斌感觉自己正驾驶着超级跑车在高速行驶，甚至仿佛能听到油门轰响的声音，感受到车子正在不断提速，还有种强烈的推背感。

也许，很快就可以达到350码了吧？

伍斌有种血脉偾张的感觉。

"思辨者"伍斌的南海珊瑚情结

一位西北小伙子的一个长途电话，打断了伍斌的这种感觉。

伍斌在公司与伙伴们讲话常常会讲到一个"变卖珊瑚"的故事。

记得在一场大会中，伍斌接到了一个陌生电话，有位西北小伙子想邀约他交谈10分钟。这位小伙子家里条件非常艰苦，他把已经过世的父亲留下的唯一纪念品——南海珊瑚变卖了，换来了参加三生会议的门票和路费。

对于这位小伙子来说，这是一个千载难逢的机会，更是一次人生道路上的重要机遇。

这给了伍斌极大的触动——自己的人生一路顺风顺水，甚至可以风驰电掣般狂奔，刚踏入社会就是前行者。但这位西北小伙子让他的"高速汽车"暂停了下来，他突然发现，沿途像西北小伙子这样想成功的年轻人太多了，无数普通人都有改变自身命运的强烈愿望，他们或者迷茫无助、不敢前行，或者想前行却又缺少力量。

那一刻，伍斌顿感孤独，有一种跑得越快越超前就越孤单的感觉。如果前行路上只有自己一个独行侠，那么，跑得再快又有什么意义呢？

《摩西五经》的第二本经书《出埃及记》，记载了先知摩西带领40万希伯来人穿过荒野，历尽艰辛，百折不回地前往耶和华（上帝）应许他们的国度——迦南地的故事。这一故事后来被拍成了电影《十诫》，并获得第29届奥斯卡金像奖。后来又有部采用同样故事的《出埃及记》，获得第33届奥斯卡金像奖。

无从得知伍斌是不是想做摩西，但从那一刻起，伍斌开始觉得自己取得的成功不算什么，他的人生真正价值在于帮助更多的人实现梦想和追求，而不是仅仅关注自己的成功，他应该成为别人生命中的天使。

这便是伍斌团队的口号"成为别人生命中的天使"的由来。

在中国广袤的土地上，有着数以亿计的普通人，他们有强烈的欲望和追求，想

要改变家族的命运，改变自己的命运。但他们缺乏知识、人脉、能力、才华、技能、物质基础等，每一项都是横亘在普通人前进路上的障碍。

如果单凭伍斌一己之力，改变他人命运的梦想也许只能停留在想象之中，但他背后有三生，这给了这些普通人成功的机会和可能性。

成为三生的个人经济体不需要任何条件，加入三生的伙伴有如变卖珊瑚的西北小伙子一般的迷茫者，也有普通打工者、家庭主妇，甚至残疾人，这些人没有任何复合型的能力和条件，但他们渴望在芸芸众生之中冒出头来。

伍斌觉得，全球健康产业中国样本，应该不只是由精英打造，如果有众多普通人参与打造，为"中国样本"注入新的元素，它会变得更有意义。

普通人要成为个人经济体，一是要靠平台的托举，二是要学会复制。

"借力者"伍斌的12缸

谈到平台对普通人成为个人经济体的作用，即便如伍斌这样的前行者，都把自己的成功的90%归结为平台的托举。

在爱车的伍斌眼里，三生就像"12缸发动机"——12缸发动机以其极致的动力表现和尊贵形象，成为顶级豪车的速度传奇。

做惯了企业高管的伍斌有时自己都觉得奇怪，每年这么大的销售额，按照办企业的逻辑，得投入很多资金、兴建极大的办公场地、招募很多员工才能完成。可在三生，无投资、无办公场地、无员工的他，竟然做出了比在前东家时更大的市场业绩。

但伍斌很快意识到，**他的成功，是借助了三生平台托举的力量。**

伍斌感叹，从职业经理人专业的角度来看三生，公司几乎为创业者准备了一切所需，甚至更超前。他举例说，三生的生态体系建得非常完善，三生提出的"测、调、保、疗、养"产业生态体系，形成了一个完美的闭环，让伙伴们在闭环内尽情发挥，不断地拓展创业的边界，从而让自己变得更加强大，直至成为个人经济体。

对四大支持体系与六大赋能链路的每一条，伍斌都有深刻的感受。

做任何事情，基本面定输赢、定格局、定大小，选对公司就是选对了基本面。

他最看重的是公司的四大支持体系。名企高管出身的他，特别认同巴菲特说的"选公司就是选人"，人是决定性因素，"董事长的格局与理念、总裁的魄力与智慧、运营团队的专业与稳定，是三生给市场最大的支持"。正是因为人对了，才会有明星企业的出现，才会有生态布局、数字领先、安全保障。基本面对了，人们对未来既充满憧憬，又有充分的安全感。

如果说四大支持体系是汽车底盘，那么，六大赋能链路就是发动机。

酷爱汽车的伍斌认为，汽车没有发动机，底盘再好，也只能"趴窝"，寸步难行。再厉害的人、再优秀的团队，没有强大的赋能，就变成了老牛拉破车，别说让无力者有力、让有力者前行，就是前行者也走不了多远。

伍斌本来就是前行者，但他认为，他在三生继续前行，并不仅仅依赖自己之前的履历，还得益于三生这个平台。"三生就像车，更像是辆自动驾驶的车，我就像那个开车的人，尤其是自动驾驶，按照起初设定的路线，听话照做就好。而汽车底盘稳，决定了这辆车跑得扎实、跑得安全，跑多快都不会翻车。六大赋能链路就像给车装上了12缸的发动机，因为有系统化的强大赋能，队伍才会狂飙突进，真正实现了'让前行者更行'。"

回想过去，伍斌说："选择直销是100%正确的，选择三生事业平台是1000%正确的。"

平台是一，其他的都是零。

"复制者"伍斌的成功法门

平台是一，其他的都是零。但零复制得多了，业绩也能呈指数级增长。

为了更好更快地打造全球健康产业中国样本，三生提出打造个人经济体梦工厂的战略。

如何让普通人成为个人经济体？伍斌的法门就是"复制"。

这涉及一个独特的模式。

个人经济体已经是现象级的存在。董宇辉、罗永浩、罗振宇等网络主播在不断地演绎着财富的神话，成了炙手可热的个人经济体。

这些个人经济体的财富神话吸引着越来越多的人入局，但一组数据也证明了这些人不可复制——人力资源和社会保障部把网络主播认定为正式职业，但同时有数据显示，90%的网络主播年收入不足5000元，这意味着他们每个月只有400元左右的收入。

董宇辉、罗永浩、罗振宇等个人经济体的不可复制性，源于他们更多依赖的是个人的卓越能力： 董宇辉渊博的知识、超强的共情能力、流利的双语；罗永浩雄辩的口才与敏捷的才思；罗振宇深厚的知识底蕴、超强的内容创造能力。他们的这些能力，绝非普通人所能及。

但现实中90%的人都是普通人。

普通人如何成为个人经济体？

"复制"成了普通人成为个人经济体的秘密。

以直销为例，这是一个典型的由普通人组成的团队型事业，即便是行业的顶流，个人的销量也非常有限，与董宇辉等网红型顶流个人经济体完全不可同日而语，只有靠团队才能成为个人经济体。

伍斌坦言，尽管他的团队的业绩在三生里是最高的，但他自己销售出去的产品

很少，他更多的时间是在做团队的组织管理，并充当教练的角色，而不是卖货，业绩都是团队做出来的。

伍斌认为，要成为个人经济体，不是像网红那样一枝独秀，更不是一骑绝尘，而应该是成为可复制的个人经济体；要打造普通人都能复制的个人经济体样本。

为了消弭与普通人之间的距离感，伍斌认为，不管处于什么身份和级别，最好的方式就是让自己成为普通人。

伍斌尤其反对过度包装，"这往往会拉开人与人之间的距离，让许多普通人觉得，你那么厉害，你能成功是必然的；我是普通人，我不可能成功。相反，如果他感觉你和他差不多，你也就比他优秀一点点，那么他会感觉到，自己努努力，也许就可以做到"。

为了消弭这种距离感，伍斌的团队倡导"轮流上舞台"的方式，把上舞台的机会适当地交给那些更需要舞台来锻炼成长的伙伴，这样做不仅可以拉近大家的距离，还可以让更多的人体验舞台的魅力，形成前行的动力。

三生打造个人经济体赋能系统，目的就是"让创业更简单"，只有简单，普通人才能复制。"个人经济体梦工厂"就像一台巨型复印机，不断打造可复制的个人经济体，再通过复制，成就千千万万个个人经济体。也许每一个个人经济体都不是很大，但聚是一团火、散是满天星。

"拉风者"伍斌的人生追求

尽管在事业中强调自己是普通人，但在生活中，伍斌保持着拉风的生活品质。

最拉风的是，他喜欢摩托车，尤其是哈雷摩托，他几乎拥有哈雷全系摩托车，他自己还组建了一支哈雷车队。

而哈雷，是全世界男人拉风的标志。

第四章　先锋力量：做中国版的"霉霉"

"公司的理念是从平凡走向不凡。我们做事业的目的，是要拥有不凡的生活和不凡的人生。"所以，伍斌强调，在事业中要做凡人，在生活中要做不凡人。

这看起来是个矛盾体，"普通人"与"成功人士"两个标签要在同一个人身上复合。

事实上，这并不矛盾，"事业中的凡人"这一身份定位，能与更多"普通人"平等、无距离地对话。一个平凡的人都能实现成功，让人看到了成功的可能性和可复制性，这样才能吸引更多的人同频共振。

而实现事业的成功以及个人的自由、时间和财富的富足，展现的是你的选择、努力和追随最终得到的结果。这是一种很好的激励方式，是一种不会给人造成压力的激励方式。

旅游是伍斌的另一大爱好。

伍斌自2009年起参加三生的海外旅游活动以来，至今都没有缺席过。除了公司的奖励旅游外，伍斌还自创了两大旅游产品——"德道自驾万里行"和"新年倒数"活动。

伍斌每年都会带着团队举行一次"德道自驾万里行"活动，清一色的豪车车队，走遍了祖国边陲，也游历了大江南北，每次出行，他们都精心策划线路，甚至会有专门准备的音乐。更重要的是，他们每到一处，还不忘开发市场，或者扶持当地的三生伙伴。

"新年倒数"则是伍斌坚持了很多年的迎新年活动。他和伙伴们带着家人，每年在全球选一处绝美的地点，共度跨年夜。他们一起听新年钟声响起，等候新年的第一轮日出，让新年的第一缕阳光洒在自己、家人和伙伴的身上。

"我们拼搏事业，让自己、家人和伙伴们都过上了有品质的生活。这其实也是在告诉更多的伙伴，哪怕只是普通人，只要努力，借助三生这套赋能系统，就可以

过上品质生活，成就不凡人生。"伍斌说。

不凡的人生，还在于创造不平凡的社会价值。

伍斌还有一个头衔——公益大使。无论是三生的公益活动，还是生活中遇到需要帮助的人，伍斌都会积极参与或给予帮助，赠人玫瑰，手有余香。这些年下来，伍斌也记不清投入了多少资金和精力在公益上。

三生的内涵是"生存基础、生活品质、生命价值"。三生通过提供天然健康的生活产品和服务、倡导健康的生活方式、传递积极乐观的生命态度，致力于为全球家庭带来自然生活力。

伍斌的生活方式，正是家庭自然生活力的表达。要"成为全球健康产业中国样本"，首先要成为普通人自然生活力的样本。伍斌崇尚的生活，也是在呈现一种态度，一种自然生活力的态度。

2016年9月，三生组织伙伴去迪拜旅游，这次旅游给了伍斌颇为深刻的生命体验。

抵达阿布扎比后，他们第一天去的法拉利公园是全球唯一的法拉利主题公园。伍斌和伙伴们体验了一个很刺激的项目——世界上最快的云霄飞车，它能在5秒钟之内将时速从0提升到240码。

伍斌说，这与那位贵人提议他体验的350码急速还有差距，但这就是人生努力的方向。既然要做可复制的个人经济体，自己的速度就是团队的速度。唯有更高、更快、更强，才能带领更多普通人迈向人生巅峰。

"筑梦者"苏滨：

你未来的样子

> 作为领导者，最重要的是让人们看到未来的样子。
> "筑梦者"苏滨一直在憧憬一场盛大而炸裂的鸟巢年会，那既是他常说的"顶峰相见"，又是他对团队期许的未来。既要仰望星空，又要脚踏实地；既要筑梦，又要圆梦。通过"圆梦行动计划"，苏滨渴望将更多的伙伴送上华彩的舞台。自然，那不是梦想实现的终点，而是新的开始。

筑梦者的"顶峰相见"

北京鸟巢（国家体育场），9.1万人的场馆座无虚席。

一场前所未有的盛会正璀璨上演，将这座曾经惊艳全球的建筑的辉煌与壮丽展现得淋漓尽致。夜幕低垂，场内一片流光溢彩，仿佛白昼提前降临。紫色的灯光如梦似幻，不仅照亮了每一个精心设计的座位，更点燃了现场每一位参会人员的激情。整个体育场笼罩在一种既神秘又热烈的氛围之中。

突然，炫目的灯光从四面八方汇聚而来，场内的射灯光柱齐刷刷地穿过鸟巢射向夜空，投射在一架徐徐飞来的直升机上。

全场的目光也随着射灯光柱投向夜空。

直升机轰鸣着从远处飞来，悬停在鸟巢上空的正中心，螺旋桨卷起的旋风，穿过穹顶倒灌进场，彻底搅动了场内的气氛。

直升机的绳梯缓缓垂下，绳梯送下的金属框架内是一辆CVO Road Glide哈雷摩托车，身穿摩托车服、戴着墨镜的男人，双手扶着高高的把手，保持着摩托车俯冲的姿势，稳稳地降落在鸟巢舞台最中央，强劲的灯光犹如一支利剑，刺向观众席。

男人启动摩托车，冲下舞台的斜坡，早已排列有序的同款哈雷车队尾随前行，绕场三圈后停在起点。

全场陷入宁静，仿佛都在等待一个神秘时刻的到来。

突然，壮美的烟花在穹顶上空炸裂开来——

年会开始了！

这是苏滨心中憧憬过无数次的年会现场。

这些在他脑子里翻涌过无数次的画面变得越来越清晰，他甚至看到了台下就座的伙伴们的笑脸，他的决心更加坚定了。

这就是他期待的"顶峰相见"，这一天一定会到来。

"零挫折人生"的逐梦之路

出生于大西北的苏滨，生性旷达，坦率爽朗，是个粗犷又不失细腻的男人。

最让人羡慕的是，他从小过的就是别人眼中的"零挫折人生"。

苏滨的父母都是大学教授，他有两个姐姐，他是家里最小的孩子，从小在家人的宠爱中长大。高中毕业后，他考上兰州工业学院，主修机械专业。当别的同学都在担心毕业后何去何从时，苏滨却不慌不忙，他早已被安排到兰州当地的一家大型

第四章 先锋力量：做中国版的"霉霉"

企业上班。就像当年许多体制内的人一样，苏滨上班第一天基本就可以预测到自己退休那天是什么样子。

惬意的日子过久了，不安分的想法开始蠢蠢欲动，他问自己：二十几岁的小伙子，就这么混到老吗？我的人生还有没有其他的可能性？

对未来开始有憧憬的苏滨，终于选择了20世纪70年代出生的人喜爱的热词："下海"。

出人意料的是，这无心插柳的尝试竟然让他嗅到了成功的气息。短短三个月，他就在新事业上有了起色。一不做二不休，他转身辞去了令人艳羡的"铁饭碗"，一头扎进商海。

就这样，苏滨踏上了他人生中的另一段征程。性格中追求完美的一面使得他一旦下定决心，就全身心投入。那几年，苏滨把精力都用到了事业上，二十五六岁就凭借自身努力赚到了人生的"第一桶金"，从小听着父亲"男人应该三十而立"的教导长大的苏滨对自己充满信心。

如果人生就这样发展下去，那么可能连老天爷都要眼红了——1998年，苏滨遇到了事业中的低谷。回忆起那段时光，他说，与父亲的一次长谈对他影响至深。

"这些年来，我从成功得意到挫折失意，父亲都看在眼里，他觉得是时候给我提个醒了。他想让我知道，人生很长，我得学会在好的时候冷静思考，坏的时候静下心来，全力以赴，最关键的是不能只看眼前，而是应该着眼未来。"一字一句，苏滨都听进了心里。

不能只看眼前，应该着眼未来。

2008年底，苏滨的好兄长伍斌找到他，在伍斌的引荐下，苏滨来到宁波三生总部。

原本抱着随便看看想法的苏滨，在三生竟然一待就是近半个月。其间，他遍访

三生高管，了解三生的产品、机制，并与黄金宝董事长进行了一次深谈。黄董低调务实的为人、超前的商业远见、对三生的远景规划，深深地打动了苏滨。

他好似隐隐约约地看到了自己未来的样子。

2009年，苏滨正式开启三生事业。

开始运作市场的前三年，他几乎跑遍了中国的每一个省份，365天奔波在市场成为常态。一个30寸的行李箱成了他的"亲密伙伴"，里面装着四季的衣物与生活用品，因为他经常要从穿着棉袄的东北直奔穿短袖短裤的海南。凭借这股子拼劲和干劲，苏滨在短短几年时间里就实现了"弯道超车"，也赢得了伙伴的尊重。

悲壮又豪横的融合

有人说，伍斌和苏滨，就如同马云和蔡崇信。

马云是天马行空的梦想家，有着常人难及的领导才能和敏锐的洞察力，而蔡崇信则以其过人的战略眼光和扎实深厚的市场认知，为阿里巴巴的发展提供了坚实保障。两人优势互补，共同推动了阿里巴巴的快速发展。

伍斌和苏滨亦如此，他们是事业上的最佳搭档，更是彼此最信赖、最默契的"战友"。

蔡崇信曾经说过，一个领导者，他身上需要兼具智慧、情商和谦逊。这正是苏滨给大家的印象。搞事业时，他思路清晰，决策果断，从不拖泥带水；遇到问题时，他身先士卒，在想方设法解决问题的同时，又坚守原则底线；对待伙伴，他真诚坦率，重情重义，有如兄弟姐妹不分彼此……也正因如此，在三生这个大家庭里，苏滨如同一位大管家，将伙伴们紧紧凝聚在一起。

沧海横流，方显英雄本色。

运作三生事业多年，遇到过无数的波折和困难，如今的苏滨已经可以做到在任

何挑战前都有足够的底气。

这种底气来自他带领的"两支部队"的智慧融合，尤其是线上展现出的发动能力。

从20世纪末期到现在，直销业一直存在线上团队和线下团队难融合的问题。苏滨习惯分别称之为"线上部队"和"线下部队"。

随着电子商务的兴起，这两支"部队"在全球范围内一直是一对"欢喜冤家"。

谁都知道线上业务是大势所趋，但直销的特殊性又让"线下部队"对其爱恨交织，这在全球演绎过不少悲欢离合的故事。

1999年，雅芳全球CEO就大力推行电子商务，却因内部强烈反对而很快作罢。同年，安利公司联合微软、IBM创办电商平台，同样因遭到"地面部队"的反对而于2008年夭折，虽然近年来安利重拾线上业务并取得重大成果，但不得不说这是一场"迟来的胜利"。

中国各大直销企业在进军电商的路上也纷纷铩羽而归，要么是学艺不精中途折戟，要么是有了起色遭遇渠道冲突不得不弃车保帅。

这似乎成了直销企业进军电商的宿命。

但苏滨带领的团队，硬是早早地破除了这种宿命，在三生的协同赋能下，打造出民营直销企业转型电商的样板。

2011年，苏滨团队幸运地迎来了"电商达人"谢金村。

初遇谢金村，苏滨觉得，这位来自四川广安农村的小伙子，有点像不修边幅的北大韦神，然而现在的谢金村儒雅潇洒、谈笑自如，简直和当初有天壤之别。"现在40多岁，看起来比当时30多岁还年轻"，苏滨总喜欢如此打趣谢金村。

之所以说谢金村像北大韦神，是因为他在电商，尤其是在社群营销方面，有着

超人的天赋和敏锐的嗅觉。他加入团队后，"线上部队"的业绩迅速冲到高峰，打出的口号就是"不用开会，不用出差，一部手机即可在家创业"。

这在"线下部队"听起来是典型的"拆台"。

众所周知，"线下部队"比较依赖"开会"，"不开不会，一开就会"。他们需要通过号召业务人员参加会议来开展业务，好不容易说动人来参会，被"线上部队"一"拆台"，人又不来了，甚至多次出现线下转投线上的情况，让双方陷入矛盾。

为顾全市场大局，线上业务曾被迫叫停。

"好在黄金宝董事长和孙鹏博总裁审时度势，给予我们支持，我们才有了底气。"苏滨回忆说。

韬光养晦成了最好的战略。

苏滨咬咬牙，让谢金村将线上业务"化整为零"，让每个核心业务骨干带领几个"线上部队"成员，转入"线下部队"，分散低调作战。

电影《肖申克的救赎》中有句著名的台词："总有一天，你会笑着说出曾经令你痛苦的事情。"

苏滨也如此激励"线上部队"，"暂时的隐忍是为了更好的明天。当我们做出成绩的时候，所有的痛苦都将化为我们的骄傲"。这仿佛是一道明亮的光，照亮了伙伴的内心。

经过几年的努力，"线上部队"实力提升，到2017年时，年销售额达到前所未有的高峰。星星之火已经燎原，加上行业越来越看清电商的优势，"线下部队"中的"潜伏人员"终于可以浮出水面了。

2017年，苏滨组织召开了一场大规模的线上峰会。黄金宝董事长盛装出席，发表热情洋溢的讲话。这让伙伴们深受鼓舞，尤其是谢金村，他激动得泪流满面。

第四章　先锋力量：做中国版的"霉霉"

那一刻，看着谢金村，苏滨突然觉得既悲壮又豪横。

更豪横的还在后面。三年新冠疫情，"线上部队"的优势愈加明显。尤其在湖北被按下"暂停键"期间，三生为扶持湖北市场，取消了业绩考核要求，湖北的业绩却出人意料地连续四个月位居全公司第一名。

"线上部队"的优势尽显，线下部队纷纷进军线上业务。三生更是大力进行数字化布局，火力全开扶持电商。

考虑到"线下部队"的接受度，苏滨将线上运营由业界公认的"运营模式"巧妙地降维成"线上工具"，结合三生平台的数字赋能系统，通过培训与实操，"线下部队"快速掌握了线上运营方法。同时，苏滨带领"线上部队"不断走进线下，尤其是不断组织业务骨干走进三生总部，接受三生文化熏陶和各大链路的赋能，"线上部队"快速地提升了凝聚力。

在经历"化整为零""降维作业""文化凝心"三部曲后，苏滨真正实现了团队线上线下的双向协同融合，开创了直销行业转型电商的民企样板。

平衡的生活与有趣的人生

每逢三生的重大活动与重要场合，苏滨和他的伙伴们的出场总能成为最亮眼的风景。

他们每次都能做到风格统一却绝不雷同，无论是花呢格子套装的"老钱风"，还是西装笔挺的"商务风"，抑或是时尚酷炫的"机车风"，全身行头，大到外套衬衫，小到皮鞋手链，甚至西服胸口的口袋方巾，都是专门定制和精心搭配的。这样的一群人迎面走来，气势夺人，总能让人眼前一亮。

苏滨认为，这不仅是对公司的尊重，更是一种团队文化与团队风貌的展现。

苏滨有一个著名的"平衡论"。他一直认为，真正的成功，是生命的平衡状

态，是兼顾工作和生活的方方面面，有工作也有休闲，有爱情也有自己，有财富也有健康。找到了属于你的平衡点，也就找到了真正的成功与幸福。

具体到苏滨身上，就是拼命干事业，狠狠享受生活。

在千岛湖别墅里，苏滨有个表柜，里面有各色名表，百达翡丽的星空，爱彼的皇家橡树，江诗丹顿的纵横四海，宝珀的五十噚……每一块都价值不菲。苏滨有个习惯，他会在每个阶段设定一个目标，目标达成，他就奖励给自己一块表。至于为什么会奖励表而不是别的，一则是他的爱好，二则是因为苏滨认为，手表虽小，但它汇聚了上千个零件，每一个零件都需要精密加工和精准装配，才能确保手表的准确性和稳定性，对细节和品质的要求非常高，这是他所欣赏的一种有序状态和匠心追求，同时手表还承载着丰富的文化内涵与积淀。

除了名表，苏滨还收藏了满满一墙的意大利手工定制皮鞋。

近百双手工皮鞋，大多是他从意大利背回来的。他尤其喜欢定制Paolo Scafora皮鞋，"能将意大利独有的大气审美和舒适的穿着体验结合得如此恰到好处的，也许就只有Paolo Scafora了"。

Paolo Scafora是意大利那不勒斯地区最具风格的制鞋匠人之一，被业界公认为挪威缝大师。Scafora家族三代均从事手工皮鞋制作，他们将精湛的制鞋手工艺和对于艺术的领悟完美地融入了每一双鞋履的制作之中。

"我穿着它们跑全国，下市场，上舞台，也穿着它们出国旅游看世界，踏踏实实走路，也一起享受征服和拥有！"苏滨说。

物物而不物于物，不管是对于手表还是对于皮鞋，苏滨都只是喜欢高品质产品但不过分沉迷。在苏滨看来，他只是实现了自己想要的生活。

带上大家，到未来去

为伙伴筑梦，更重要的是助他们圆梦。

苏滨让"梦想"这个词具象为一个个可触达的行动。

"钻石万里行"就是这位筑梦者带领大家"圆梦"的实践之一，也是团队传承多年的标志性活动。每年，核心伙伴们会聚集起来，开上自己心爱的座驾，集结出发，用近两个月的时间，游历祖国的大好河山，来一场浩浩荡荡的"钻石万里行"，他们每到一地，还会深入市场一线，参加当地合作伙伴的会议。至今，"钻石万里行"的足迹已经遍布318国道、214国道、川西环线、西北环线和青藏公路……在行走中感受世界，提升自己，已经成为大家特有的一种生活方式。

实现梦想最肥沃的土壤就是平台。

随着个人经济体时代的到来，资源越来越多地汇聚到平台上。公司成为集培训者、赋能者、孵化者三重角色于一身的资源汇聚地，为追梦者铺就了一条更宽阔的路，普通人在这个体系里，只要复制即可成功。

三生提出的打造个人经济体梦工厂，就是要让更多的普通人实现轻松创业。

团队要做的，就是利用公司的赋能系统，打造可复制的个人经济体。

苏滨认为，复制个人经济体，打造强大的讲师团队非常重要。他一向重视团队讲师队伍的打造，推出了"链动未来，师者先行"计划，精选业务精英，提高业务效能，为复制个人经济体锻造了一支专业的力量。

与此同时，"钻石种子训练营"与"核心领导培训"分居线上、线下，前者主要针对基础领导，重点是业务技能和信念系统的培训；后者主要针对核心领导，注重管理能力和思维格局的提升。这样就形成了市场梯队，再施以有效的管理，市场基本可以进入自我复制阶段。

既要仰望星空，又要脚踏实地。

在苏滨眼里，团队的伙伴就是这样既务实又浪漫。

令很多人意想不到的是，这么多年来，几乎每一个新年，苏滨团队的伙伴们都是一起度过的。每年的岁末年初，苏滨、伍斌会同全国各地的伙伴们一起倒数跨年，在总结中告别旧年，一同迎接新年的第一缕曙光。那种虽身处各地却同心齐力的情感像一股纽带，汇聚成一股力量，将大家紧紧地团结在一起。

所有人的成功，才是真正的成功。

苏滨不但要让团队看到未来的样子，而且要让团队一步一步去接近未来的样子。

若干年后，大家相聚鸟巢。

壮美的烟花在穹顶上空炸裂开来——

那个站在舞台中央的男人，终于取下头盔，环顾四周满座的伙伴，手臂举起，用力一挥：

"下一个十年，我们顶峰相见！"

苏滨笃定，那不是梦想的终点，而是一个新的起点。

"奋斗者"黄春荣：

实现阶层跃迁

> 依托时代红利与平台赋能系统，让普通人通过奋斗成为个人经济体，其获得的，不只是成功与财富，还有阶层的跃迁。

2020年11月22日，上海外滩，华尔道夫酒店，《中信保诚人寿「传家」·胡润百富2020中国高净值人群品质生活报告》发布会正在这里举行。胡润百富董事长兼首席调研官胡润与上海滩名流大佬们出席了这次活动。

华尔道夫酒店绝对配得上这个报告的发布。这栋1911年建成的酒店，曾是颇具传奇色彩的上海总会的会址，见证了上海滩的风云变幻。2010年复原后的新古典式建筑配备当代奢华设施，让华尔道夫酒店成了全球富裕阶层在上海滩的首选酒店。

在当晚的人群中，一位穿着燕尾服的男人端着一杯鸡尾酒，面带微笑，不时与身边的人微微颔首示意，沉稳而优雅。

他的手中，是一杯"鸡尾酒之王"马提尼（Martini），据说马提尼是詹姆斯·邦德的最爱，被誉为"真正男人的象征"。杯中的酒和冰块在灯光的投射下，泛着黄褐色的光芒，看起来像一块精致而硕大的玛瑙。

云淡风轻之下，这个男人的内心却波涛汹涌。

他，就是三生荣誉董事、爱心公益大使黄春荣，一位成功实现阶层跃迁的奋斗者。

阶层跃迁梦想

这天晚上，他突然明白了《尊重的力量》一书序言里那位书商的感受。

《尊重的力量》在序言中讲了这样一个故事：

有一个富商在路边散步时，看到一个穷困潦倒的年轻人啃着快发霉的硬面包，在摆摊卖旧书。富商心生怜悯，就给了他几美元，然后就走开了。没走多远，富商想到自己年轻时的打拼，觉得这样不妥，就返回来，拿起摊位上的几本旧书，抱歉地解释说自己忘了拿书，希望年轻人别介意，然后跟年轻人说："其实我们一样，都是商人。"

两年之后，富商应邀参加一个慈善募捐会，茶歇期间，有位西装革履的年轻书商迎了上来，紧握着他的手不无感激地说："先生，您可能早忘记我了，但我永远也不会忘记您。正是您亲口对我说，我和您一样都是商人，这才让我树立了自尊和自信，并且有了今天的成绩。"

那晚，在华尔道夫酒店宴会厅内从容踱步的黄春荣，透过酒杯，仿佛看到了自己作为一个普通人是如何一步一步走进这个名流云集的殿堂的。

黄春荣20世纪70年代出生于江苏南通的一个普通家庭。当年，人想要改变自己的命运，要么考大学，要么去当兵。黄春荣选择了当兵，他进入部队，成为一名药剂师，后来转业到了医院。"药房里的药，我闻都闻得出来，用不着看名字。"虽然在药剂师的岗位上驾轻就熟，但这并不是黄春荣的目标。

意气风发的他，一直想通过奋斗改变自己的命运，改变家族的命运，这个愿望

从来没有消失过，而且随着阅历的增长越来越清晰。

很多人说黄春荣像拿破仑。

拿破仑出生于一个没落的贵族家庭。在他10岁时，他的父亲把他送到了法国布里埃纳军校学习。因为拿破仑来自偏远且又是殖民地的科西嘉岛，他遭到了其他贵族同学们的歧视。桀骜不驯的拿破仑常常和同学们打架，但反抗越强烈，挨揍越厉害。

拿破仑发誓要改变波拿巴家族的命运，跻身上流社会。

精英进阶之路

要成为什么样的人，就应进什么样的圈层。

拿破仑深知，要跻身上流社会，就需要先进入这个群体。于是，拿破仑设法结交上流社会甚至皇室成员，再加上自己的天分和努力，最终成为法国的皇帝，波拿巴家族也成为法国最显赫的家族之一。

拿破仑的做法，也是黄春荣的做法——要成为精英，就要先"走近"精英。

直销往往被认为是最适合"白手起家"的行业之一，所以很多人喜欢从基层开始发展客户，找那些真正一穷二白的人。

黄春荣的做法则不同，他另辟蹊径地"瞄准"社会精英。他常常挂在嘴边的一句话就是："我宁愿要一个人才，也不愿要100个人头。"他认为，社会精英有更高的生产力，更能促进事业成功，也更有利于实现阶层跃迁。

他知道，要进阶精英圈层，首先必须和精英们在一起。如果拿破仑不善于经营自己的人脉圈，他最多成为一名将军，而无法成为法国的皇帝。

人群的选择，让黄春荣的市场拓展之路与众不同，当然，这也增加了难度和成本。刚起步时，黄春荣约人见面从不草率，相反，他会精心挑选城市里高档的酒店

或别致的咖啡厅，见面前将自己收拾打扮得非常精致，无论是衬衫还是外套都熨烫得平平整整，西装革履，气宇轩昂，俨然一位商务精英。

功夫不负有心人。他对事业的见解、执着，对未来的规划，甚至个人的谈吐气度，吸引着越来越多的精英人士加入。他最开心的是，江苏某大型保险公司第一人也加入了他的团队。这让黄春荣越战越勇。

他觉得，离自己的目标越来越近。

随着事业的发展和收入的提高，黄春荣的自身素质也不断提高，每天以商务精英形象示人已经成了他的习惯，出入高端商务场合成了他的日常生活。

黄春荣说，在他的衣柜里，有无数套定制西装，外出拜访，着装绝不重样。

黄春荣每年参加三生年会，都会根据年会主题定制不同风格的服装。他觉得高标准要求自己本身就是一种精英生活的表现。所以，年会舞台上的黄春荣总是能成为最耀眼的存在，他英姿飒爽，慷慨激昂，饱含激情地陈述自己的奋斗故事，感染了台下无数的人。

这种耀眼还只是一种外在的表现。黄春荣的进阶，更主要的体现是他的交往圈层发生了改变。受胡润百富邀请参加胡润百富财富精英之夜那一刻，他深刻明白了"阶层"的意义。

黄春荣事业的成功发展，还与他的妻子有着密切的关系。妻子是他一生中最好的伴侣，事业上义无反顾地支持辅佐他，生活中无微不至地体贴照顾他。随着事业的发展，也考虑到家族兴起的需要，两人的分工做了调整，黄春荣继续在市场上拼杀，妻子则逐渐将重心转移到家庭经营上。在妻子的教育培养下，他们的两个孩子乖巧懂事，成绩优异，全都被送到国外的名校就读。夫妻俩为两个孩子创造了最好的条件，也希望两个孩子能够接受最好的教育，将来有所成就。

物以类聚，人以群分。黄春荣团队，引来众多商务精英加盟，既有知名企业的

高管，也有银行行长、大学教授等。尤其有意思的是，许多都是"夫妻档"，太太们不仅在事业上巾帼不让须眉，还能把家庭打点得井井有条。他们通过努力让家庭的生活质量发生了质的飞跃。

奋斗创造传奇

华为曾推出过一组名为《奋斗者》的海报，海报上，芭蕾舞者的双脚，一只穿着优雅的芭蕾舞鞋，一只露出伤痕累累的脚趾，强烈的对比曾震撼了亿万人，配上一句罗曼·罗兰的名言"伟大的背后都是苦难"，更是打动了无数人。

黄春荣的成功与他的目标人群选择有很大的关系，尽管人们常说选择大于努力，但努力是成功的必由之路，甚至不只是努力，更是奋斗。

黄春荣初入行时，身上只有8000元，他只能租住在城市比较偏远的地方，但经常要赶到城市商务中心去会见约好的人。当他每天西装革履与对方坐在一起时，又有谁知道他几乎天还没亮就起床，精心收拾好自己，早餐也顾不上吃，坐很长时间的公交车提前坐在了那里呢？

因为选择的人群比较高端，这对黄春荣也提出了更高的要求。精英人群通常有更多的事业机会，对一般的机遇甚至会不屑一顾。但这些人一旦下决心做一件事，又有着更大的优势、更高的投入度和更强的生产力。这让黄春荣不得不付出更大的努力。除了更加频繁地拜访、更加努力地沟通，他还不断提高自己的智慧和文化水平。

如何更高效地拓展市场？"复制"永远是最好的模式。这话说起来容易做起来难。

黄春荣觉得他能高效拓展市场的关键是他带领核心团队不断探索，一边摸索一边"固化"，最终形成了一套行之有效的模板。这套模板很好地解决了复制的问

题。经过实践检验后，他把模板内容制作成工具流，让市场大量地复制，以此迅速打开局面。

黄春荣带领伙伴多点布局，不在一个城市的有限市场里死磕，而是在几个城市同时铺开。得益于完整的复制体系，再加上三生平台强大的赋能，黄春荣从宁波开始，迅速占领了整个浙江市场，然后向北京、成都等城市辐射。

用时11个月，黄春荣团队的月度业绩就达到了惊人的高峰，一跃成为行业传奇。

"无忧创业"

"不是我们能力有多大，而是三生的赋能系统太强大了。"黄春荣将这归结于三生的支持。

黄春荣对平台的支持有不一样的理解。他重点耕耘的圈层比较讲究"出身"，首先看的就是你来自什么单位。三生雄厚的实力、良好的品牌形象、卓越的文化体系，让黄春荣在介绍自己的时候特别有底气，公司也成了他最大的依托。

黄春荣给大家讲得最多的是三生的价值观。与许多群体从事直销强调"机会""机制"不一样的是，黄春荣更注重"我们是不是同一类人"——价值观反而成了达成共识的敲门砖。

黄春荣也从讲机制、讲产品迅速地升维为讲价值观。

三生"自尊敬人，惠人达己""匠心品质""大树文化"等丰富的文化体系和内涵，深受大家认可。黄春荣就这样集结了一群志同道合的伙伴。

三生强大的赋能系统则让黄春荣备感轻松。

不管是产品供应链还是售后服务，不管是营销还是教育，不管是品牌支持还是安全保障，黄春荣感觉公司已经量身定做了一切，并且大大超出市场的需要。

第四章 先锋力量：做中国版的"霉霉"

黄春荣喜欢把三生的创业平台誉为"无忧创业模式"，听话照做即可，并且无后顾之忧。

黄春荣特别强调对平台的依托。他带领的团队，不允许搞个人崇拜，推崇的是平台。

三生进入下一个20年，开创性地推出了"四大支持体系"与"六大赋能链路"，让公司的赋能系统更加完善，这让黄春荣特别振奋，公司赋能系统越强大，大家做起事来就越轻松，可以真正实现"让创业更简单"。

个人经济体情结

对于"个人经济体"，黄春荣有着与其他人不一样的情结。

当听到黄金宝董事长第一次提出要打造个人经济体梦工厂、赋能更多伙伴成为个人经济体时，黄春荣的心绪久久不能平静。

"这个概念太有智慧了！无论对我们个人，还是这个行业，都是一个非常高的肯定与认可。"黄春荣非常喜欢"个人经济体"这个词的内涵，他认为"个人经济体"很好地概括了个体所创造的价值和对社会所做出的贡献。

诚然，直销行业在早期难免会面对很多误会与阻力，整个社会对这个行业的认知也不够深入和全面。黄春荣认为，"个人经济体"概念的提出是一个具有时代意义的命题，它是对这个行业的事业身份的认同，也是对这个行业里个人创造价值的认定。

借助时代红利，人人都可以成为个人经济体，甚至可以超越企业，具有经济体的规模，这提振了广大创业者的创业信心，提升了广大创业者的创业格局，给人们带来更大的创业愿景。

"许多人把直销人看成一个特别的群体。个人经济体概念的提出，尤其是三生

率先提出要打造个人经济体梦工厂，我们和其他创业者都是个人经济体，我们创业人不再是小小的个体户，而是有希望具备经济体的规模，这会让个体创业者更有底气，也更有期盼。"黄春荣说。

黄春荣对"个人经济体"的这份情结，又何尝不是直销人内心深处对阶层跃迁的一种期盼呢？

黄春荣知道，他自己通过三生平台实现了阶层跃迁，并且正在夯实新晋阶层的地位。他希望更多的伙伴能够实现梦想，甚至向更高阶层迈进。

三生提出打造个人经济体梦工厂，意味着这个平台会产生更多成功的个人经济体，有更多的人有机会实现阶层跃迁。

国家发展改革委原副秘书长范恒山曾表示，个人经济体为创业者解构了巨大的时代红利，有利于转变社会的就业创业观念。这种观念的改变，不仅体现在对就业创业者的观念的改变上，也体现在对个体创业者的社会评价的改变上。

这，正是黄春荣所期待的，也是个体创业者共同的期盼。

第四章 先锋力量：做中国版的"霉霉"

龙金红：

复制即可逆袭

> 农民、北漂打工者、单身宝妈，这些是龙金红身上"平凡人"的标识。如今，她站在三生象征最高荣誉的舞台上，成为"底层翻身、普通人逆袭"的一个符号证明。

如果迎着理想的灯塔逆光而行，并且一步步走向终点，一定是一件非常愉悦的事。

如果前行者是个女人，逆光打在她的发梢，散发出金子般的光辉，那一定是一件充满魅力的事。

龙金红就是这样逆光而行的人，她迈着轻盈的步伐，向着理想的灯塔迈进。

她说，能够拥有这份美好，完全是因为三生这个平台。三生"让创业更简单"的赋能系统，让她觉得理想的灯塔离她如此之近，"做可复制的个人经济体"让她如此轻盈。

2023年12月，宁波奥体中心，龙金红站在万人舞台上接受三生荣誉董事表彰。

台下，她的7000多名粉丝见证了她生命中的高光时刻。

7年毫无建树，8年却登巅峰

此前的龙金红一直步履蹒跚，甚至经历了漫长的至暗时光。

龙金红出生于湖南偏远地区的一个少数民族家庭，世代都是农民。她小时候连汉族人都很少见到，可见其生活环境多么闭塞，她甚至没有想过自己的"梦想"是什么。

龙金红18岁中专毕业后就走向了社会。

湖南人都有去北京看天安门和毛主席纪念堂的心愿。龙金红也抱着这样的心愿来到了北京，她也希望自己能在北京生存下来。

龙金红到北京时兜里只有区区几百元钱，最狼狈时连回家的车票钱都不够，只好当上了一名"北漂"。她晚上住在地下室，白天出去找工作，但却迟迟没有找到一份自己能干的工作。

那时的龙金红觉得特别无助和迷茫，不知道何去何从。"北漂"的她成了无根的浮萍，成了一个典型的无力者。

和许多找不到工作的人一样，龙金红开始寻找其他的事业机会，机缘巧合下，她走进了一家全球著名的直销企业。她曾非常相信这是一个可以让普通人翻身的创业机会。从18岁到25岁，龙金红将人生中最美好的七年献给了这个平台，然而，在这个平台上，她不管怎么努力，最终都是一无所获。

她开始怀疑，觉得"成功不可能复制"，甚至对未来失去信心，觉得自己始终处于社会最底层，如蝼蚁一般在茫茫人海中挣扎求生，可能一辈子都寻不到出路。

带着累累的伤痕，龙金红回到了老家。

改变发生在2015年。

一个偶然的机会，龙金红在导师龚树春的引荐下，加入了三生。

同样是直销企业，龙金红在三生看到了完全不一样的做法。不用到处开会，甚至不用登门拜访，只需要一部手机，连接互联网，就可以开展业务。每天也不用那

么辛苦，只需要按照公司提供的方法，听话照做，自己的电子钱包到账铃声就会响个不停。

那种感觉真的非常奇妙。

于是，她把这种方式传递给更多的伙伴，让他们如她一样复制。曾经有一段时间，龙金红在照顾妈妈的医院病床边，在接送孩子的汽车副驾驶座上，只用一台电脑，花了10个月就做到了资深销售经理。

2023年12月，在宁波奥体中心，龙金红终于登上了三生的最高荣耀舞台，成为三生的荣誉董事——这是业务人员的一种管理序列，相当于最高级别的经销商。

让无力者有力，复制即可逆袭

同样是在直销赛道，此前付出的努力更多，为什么耗费7年毫无建树，而后仅用8年却登上巅峰呢？龙金红终于找到了其中的密码，那就是三生的赋能模式。

三生的创始人也是一名白手起家的创业者，同样来自普通农家，他深知社会底层人士创业的艰难，在搭建这个创业平台的时候，就怀着"惠人达己"的理念，希望惠及更多的普罗大众。三生的创业平台，特别强调普通人创业成功，并为此建立了赋能系统。

进入2024年，**三生升级了这套赋能系统，强调的理念是"让创业更简单"，希望这套系统"让无力者有力，让有力者前行，让前行者更行"。**

其实这是对之前赋能系统的延续与升维。

龙金红处在典型的无力者阶段。

以人群画像来划分，无力者是指那些没有学历或学历没有竞争力（包括现在一些找不到工作的大学生）、没有技能，甚至连获取生活来源都有困难的人，或是那些正处在贫困失业、人生迷茫无助阶段中的人。这类人往往最容易遭到社会的

漠视。

三生的文化理念是"从平凡走向不凡"，更加关注普通人的能量和需求。

作为一家植根于中国本土又发起于社会基层的企业，三生的赋能系统对普通人来说，更具强烈的同理心。三生的赋能系统没有任何华丽的辞藻，也没有什么高深的理论，摒弃了花拳绣腿，**让每个"无力者"都能一听就懂、一学就会、一用就见效。**

这样做的另一大好处就是特别容易复制。没有文化的人也能够清晰、系统化地讲解和示范——三生的赋能系统强调的就是"做可复制的个人经济体"。

复制照做，拳拳到肉，这就是三生赋能系统的魅力。

龙金红特别有感触。此前，她身处的直销平台，同样提供机制、条件和机会，但因她自身与平台之间无法契合，于她而言每一步都是巨大的挑战，龙金红付出再大的努力也无济于事，耗费7年终无果。

而三生则更接地气，尤其对于她这种普通人而言，更容易做到易学、易懂、易复制。

正是这种"做可复制的个人经济体"的理念，以及这套"让创业更简单"的赋能系统的加持，龙金红在做销售的同时，可以成功地将这套体系复制给身边的朋友，通过裂变和运营，龙金红的粉丝越来越多，仅2023年12月她晋升为三生荣誉董事时到场的粉丝就超过7000人。

龙金红的生活也开始大变样，她不仅实现了自己当初的梦想，让父母和家人过上了富足的生活，还取得了曾经想都不敢想的成果。

一粒好种子放在石板上暴晒，它就无法发芽；放到肥沃的土壤里，它就能开花结果。平台的力量，让曾经茫然无措的龙金红，通过复制成功实现了人生逆袭。

千金买骨：复制的背后是强大的支持

龙金红虽然在复制的道路上狂飙突进，但她觉得特别安心。

有三生平台的支持，她觉得不必分心去考虑别的，公司好像为市场准备了一切，自己只要专心复制就好。

令她产生这个想法的是三生湖南分公司的一次行动。

当时，湖南偏远地区的一位小伙伴出了意外。其实，这位小伙伴也是一个普通人，并且刚加入平台，没有什么业绩，还在远离长沙的一个小县城。本着关爱他的念头，龙金红向湖南分公司寻求支援。湖南分公司经理听完情况介绍后，只说了一句，"再小的业务伙伴也是我们的伙伴，我这就过去"。

这位分公司经理在那个偏远的小县城待了整整七天，把事情全部办妥当后才返回长沙。

这让龙金红特别感动。她知道，那个小伙伴在商业机构眼里根本不值一提，她原本也只是抱着试试看的心态寻求帮助，但三生公司鼎力相助，让她明白了一个道理：三生是真真正正地尊重每一位普通创业者。

这特别像千金买骨的故事。

从前有位国王，一心想得到一匹千里马，可过去了很多年，都没有买到一匹千里马。国王身边有个侍臣说，他愿意带上一千两黄金外出寻找千里马。国王同意了。于是，侍臣四处打听，好不容易找到一匹千里马，可马已经死了。侍臣毫不犹豫地拿出五百两黄金，买下了那匹马的尸骨献给了国王。国王大怒。侍臣不慌不忙地答道："大王，您买了好几年的千里马都没买到，这并非世上没有千里马，而是人们不相信您真的会出千金买马！如今，我花掉五百两黄金，为您买了一堆千里马的尸骨，消息传开后，天下人都知道您珍爱千里马，过不了多久，就会有人把活的千里马给您牵来。"果然，不到一年，就有好几匹千里马被送到了国王那里。

自此以后，龙金红彻底地将自己交给了三生，她相信有三生强大的后盾，自己只需要听话照做，带着伙伴们不断地复制即可。她更相信三生就是最好的"复印机"，能够不断地复制出像她这样的个人经济体。

这只是三生赋能伙伴的一个缩影。

最打动她的，还有营销方面的赋能。

作为年轻一代创业者，龙金红不太喜欢老一套的做法，她更崇尚线上创业，尤其是利用抖音进行获客引流，这一方式成了年轻创业者的标配。

三生在了解到龙金红等人的需求后，专门给他们开设了抖音课程，从如何起号、如何拍摄剪辑、如何上传等基础课程开始，讲到如何打造个人IP、如何把握抖音等平台的规则，硬生生地把一个个小白打造成了抖音营销高手。

随后，三生推出了数字课堂，无论是平台展业还是产品讲解，无论是健康知识还是营销技能，数字课堂全方位在线，免除了员工奔波各地听课的烦恼。三生更是提供全套素材，龙金红只需一键转发即可把资料分享给其他伙伴。

更让龙金红惊喜的是，后来公司的数字化布局对线上营销的扶持力度越来越大，不但实现了全域"种草"、私域引流，还实现了数智化营销，各种先进的数智营销系统和营销工具，让大家的营销越来越便利。

三生完整的赋能系统包含四大支持体系与六大赋能链路。这套依据南京大学社交商务研究中心个人经济体实验室"数字蜂巢个人经济体平台赋能模型"建设的系统，能全方位地解决合作伙伴面临的各类问题。

更为难得的是，六大赋能链路由深到浅，每个链路都是从大处着眼、从小处着手，充分考虑了各层次业务人员的需求，形成了不同的复制版本，从目不识丁的农民到学富五车的大学教授，都能从这套赋能体系中感受到力量，真正实现了"让无力者有力，让有力者前行，让前行者更行"，真正做到了"让创业更简单"。

第四章 先锋力量：做中国版的"霉霉"

听话照做，拳拳到肉，复制即可逆袭。

小女生大梦想：不做"富人"做"贵人"

实现了人生逆袭的龙金红，拥有了财富与荣光，成了很多人眼里的"富人"。但龙金红更愿意做别人眼里的"贵人"。

龙金红的梦想是成为"贵人"，也就是要"成为别人生命中的天使"，影响更多的人，引领更多的人实现梦想。

人生最大的反差，莫过于在最落魄的时候萌生出一个巨大的梦想。

龙金红就有过这样的反差。

在北京地下室生活的那段最煎熬的日子里，一位卓越的女性照亮了她灰暗的天空。

这是一位在行销界享有盛誉的人物。龙金红因乖巧能干，曾多次接待这位"偶像"。偶像的待人接物和舞台上的风采，让她彻底成了"小迷妹"。她至今仍清晰地记得当年在地下室仰望偶像时的那份震撼：原来，人可以如此精彩地活着！

这位行销大师在全世界进行巡讲，团队遍布全球，收获了巨大的财富。龙金红暗暗立誓：我也要像她一样，演讲遍全球，团队遍全球，财富遍全球。

可惜的是，那时的龙金红只能在地下室空想。

到了三生后，龙金红快速发展，仿佛看到了目标在向她招手。她永远记得那次登台接受表彰时的幸福感：有自己专属的VIP化妆室，有专人给她化妆，上台前有专属的音乐，灯光打在她的脸上，她逆光而行，登上灿烂的舞台时，觉得自己散发着金子般的光芒，梦想仿佛在一刹那间得到了实现。

也就是在那一次，她听到了三生董事长关于"自尊敬人，惠人达己"的演讲。在现场，龙金红有一种汗毛都竖起来的感觉。她找到了更大的动力——之前想到的

只是自己，所有的想法都是从自己出发的；但三生的文化理念更多强调的是"惠人达己"，先惠人再达己，以利他之心去做事，反而会成就自己。

"黄金宝董事长秉承'自尊敬人，惠人达己'的理念，创办个人经济体创业平台，目的就是帮助那些像他当年那样的创业者，给他们赋能。许多人在三生平台获得了成功，三生自己也不断发展壮大，历经20年，成为大健康产业的中国样本，这就是惠人达己的结果。"龙金红意识到，之前她老想着自己如何做大、如何赚到更多的财富，这样的人生格局需要升级，应该如公司一样帮助更多的人从平凡走向不凡，当他们成为不凡之人时，自己也就成了更卓越的人。

龙金红现在很少谈自己想要做什么，很少谈金钱财富，更多谈的是她不希望人们觉得她是个"富人"，而更愿意成为他人生命中的"贵人"。

"什么是贵人？贵人就是别人生命中的天使，就是你能帮助他成功的那个人。"龙金红特别强调。

龙金红强调的"不做富人做贵人"的想法，逐渐在团队里流传开来。这种"做贵人，成为别人生命中的天使"的理念，得到越来越多的人的认同。龙金红团队那种互帮互助的团队协作精神，也成了成功最大的保障。

这也正是三生价值链赋能链路里特别强调的内容。

三生价值链赋能强调"调频、升维、辐射"三个阶段。龙金红在三生，正好经历了这三个阶段。

三生是一家以价值观驱动的公司，龙金红从最初追求财富变成了追求价值，是为"调频"；三生强调"自尊敬人，惠人达己"，龙金红也从追求个人成功上升到成为他人的"贵人"、成为万千人生命中的天使，是为"升维"；从自己传播三生的事业，到带领庞大的团队传播三生的事业，是为"辐射"。

更重要的是，三生提出的打造个人经济体梦工厂的战略，让龙金红特别振奋。

龙金红说:"'梦工厂'是一个充满想象力的词,这里是生产梦想的地方,可以让许多普通人像我一样激发梦想;这里也是一个梦想实现的工厂,有如此好的赋能体系,让创业更简单,我们每个人都可以复制,通过复制就可以实现自己的梦想;这里更是一个生产个人经济体的工厂,我们人人都可以成为经济体。"

龙金红越来越清晰地看到了未来的自己:在全世界巡讲三生事业,拥有遍布全世界的三生伙伴,成为千万人眼里的"贵人",帮助他们实现梦想,同时实现自己的人生价值。

这,就是真正的"自尊敬人,惠人达己"。

刘建沣：

"85后"的创业自由

> 从百万负债者到成为三生个人经济体代表，刘建沣拥有创业的才能和逐梦的力量，恰好三生是"树一样的企业"，扎根、常青、向阳，给了这位年轻的"85后"自由创业、无限成长的空间。

作为亚洲唯一以国家命名、规格最高、参赛人数最多、影响力最广的综合性国际网球赛事之一，中国网球公开赛每年都吸引全球顶尖网球运动员挥拍竞技，覆盖全球6100多万电视观众。

2024年4月26日，中国网球公开赛与东方素养在国家网球中心正式签约，标志着东方素养成为2024中国网球公开赛独家营养品供应商。

在这场盛大赛事上，三生荣誉董事刘建沣获得"荣誉推广大使"这一殊荣。

在三生的核心经销商领导团队中，刘建沣是少有的"85后"。

他每次站在舞台上分享都豪情万丈、激情四射，让人印象深刻。

团队伙伴形容他"走路都带着风"，自信、霸气、底气十足，年轻人的意气风发在他身上尽显。

刘建沣的创业历程是"负债者逆袭"的爽文故事。

刘建沣23岁加入三生，他的想法、干劲和能力在这个平台上得到极大的发挥。加入三生的16年里，三生给了他一片自由创业、实现梦想的天地。

进入新的20年，三生要打造个人经济体梦工厂，刘建沣的创业梦更加圆满。

未来，他的梦想是：打造最具幸福感的创富系统，帮助一万人实现财富自由，实现超越物质束缚的超凡自由，拥抱幸福惬意的人生。

"85后"南下广东寻梦

有一句流传很广的话——"湖南人的成年礼就是去广东打工"。大量湖南人南下广东务工经商，"85后"刘建沣也在其中。

2000年，刘建沣16岁，没有学历、背景、人脉，只身一人踏上了寻梦广东的路程。

深圳是刘建沣梦想和抱负的起源地。

彼时的深圳是中国改革开放的先行地，已经从一个小渔村转变为一座国际化大都市，有"中国硅谷"之称，是无数年轻人的梦想之地。工厂林立，机会无限，似乎只要你敢来，就能在这里找到一份可以翻身的工作。

创业致富是刘建沣的梦想。

他干过很多工作：在很多行业做过学徒，在工厂里拧过螺丝，还开过小店做生意，也曾在培训行业浸染过……

刘建沣的青春岁月，便是白天穿梭在高楼大厦与狭窄街巷中，或在车间流水线上埋头干活，或在几平方米的小店里忙活；晚上住在城中村的出租屋里，偶尔在街边小摊吃夜宵，感受这座城市的烟火气。

平等包容的阶层理念，务实低调的行事风范，这片每天都在快速前进的创业热

土，孕育出进取创新、敢闯敢拼的精神文化，这种文化烙印在刘建沣的人生价值观中，成为其不断前行的坚实底色。

在北上广深四大一线城市里，深圳虽然年轻但蕴藏着无限的发展潜能。野心不小的刘建沣梦想获得巨大的成就，他内心有创业的种子，深圳给了这粒种子生长的土壤。

刘建沣拼搏了一把。他开了家工厂，但是在没人指导帮助的情况下经营，最后的结果是负债100万元，那一年他22岁。

在这个过程中，刘建沣意识到要寻找一个好的创业方向和平台圆梦。

当时正值直销行业热度攀升，刘建沣在偶然的机会中认识了三生。

回过头看整个行业周期，2007—2018年的十余年，是中国直销行业发展的黄金期。

2006年，包括三生在内的10多家直销企业被批准获得直销经营许可证，自此中国直销行业进入持证上岗阶段，人口红利和市场红利给直销行业带来极好的发展助力，到2009年，中国直销市场增速已经高达46%。

那一年，三生刚走过第一个五年。三生健康产业园正式启用，国际市场也陆续启动，正在逐步构建辐射全球的销售服务网络。

刘建沣跟伙伴们分享创业历程时常常说，加入三生，他是主动找上门的。"在那个年代，年轻人的创业机会不多，保险和直销基本是首选。"

寻找创业平台，刘建沣的目标很明确：企业定位要适合他这样的年轻人，企业有发展前景、有上升空间，或者是走在前沿、有互联网思维。

刘建沣了解到，三生当时正准备启动电子商务业务。在全国市场不成熟的情况下，三生就已经率先关注电子商务了。最终在2009年12月，三生与联通、三星达成战略合作，开启中国首个3G商用项目——三生移动电子商务项目。

前沿、活力、创新、敢于走在前头，这样的印象让刘建沣十分看好三生，随后，他又把三生所有的产品制度分析了个遍。

2009年，23岁的刘建沣带着逆袭翻身的希望加入了三生。

二手单车变奔驰车队

刘建沣有极大的信心，相信未来一定能够在三生成就一番事业。

"给我一个支点，我就可以撬动地球。"当时刘建沣的构想是，在直销领域，如果一个人的力量发挥出来，那么再通过复制、辐射，便可以强大到创造一定的价值总量。这与三生今天想要"打造个人经济体梦工厂"的愿景颇有异曲同工之处。

从东莞——这个同样承载着成千上万创业者梦想的城市起步，刘建沣与他最早的搭档李晟荣，一人一辆二手自行车，跑遍了大大小小的市场。

为了在三生成就一番事业，刘建沣拜访了100多位年收入超千万的行业大咖。刘建沣认定，这些人的认知比一般人高，听君一席话，胜读十年书。通过对话交流，刘建沣从他们身上学到了不少关于行业分析、市场拓展、团队管理等方面的知识。

几年的时间里，刘建沣和搭档在一点一滴的学习进步中干出了成绩，2015年就实现了极大的业绩突破。

让刘建沣感到庆幸的是，此前在培训界工作的经验，在直销行业有了用武之地。刘建沣曾师承当时中国顶尖的培训大师，在培训行业中锻炼了四五年，这让他的思维认知能保持开放活跃的状态。

取精华、弃糟粕，刘建沣充分发挥优势，在三生，不管是团队组建，还是员工管理、员工激励，他都做得比别人好、跑得比别人快。

他是常胜将军，进入三生16年，已经连续10年以上年收入百万。

对他来说，创业无比快乐轻松，这个过程相当于披荆斩棘、升级打怪，追求的

是超凡自由的人生。

三生有一个传统，在年会或重大活动中，会给业绩突出的伙伴颁发车基金奖励。作为激励政策，这样做能有效增强获奖者的荣誉感、归属感，激发其他伙伴的积极性和进取心。

在广东，刘建沣带领的团队凭借不懈的努力与奋斗，让很多伙伴成功获得车基金奖励，这不仅彰显了团队成员个人的奋斗成果，也为团队注入了信心和力量。到2015年时，刘建沣团队甚至有了一支完整的奔驰车队。

每次团队相聚，这支象征着速度与荣耀的车队出动，场面十分壮观震撼。

奔驰品牌倡导的"心所向，驰以恒"的理念，也与三生"在平凡中创造不凡"的追求不谋而合，它们传递出一种共同的信念：只要心怀梦想，勇于追求，坚持不懈，终将跨越重重障碍，实现梦想。

那一年，意气风发的刘建沣才29岁。于他而言，这是他实现创业致富梦想的战绩，是团队凝聚力和实力的生动展现，更是对辛勤付出、勇于追梦的小伙伴们的最佳回馈。

快乐与梦想的力量，契合刘建沣等年轻一代的价值追求和精神面貌。

从骑着50块钱左右的二手自行车走街串巷，无人问津，到如今奔驰车队行驶在路上如同一道流动的风景线，瞬间吸引所有目光，这带来的是创业中获得成就的快乐，彰显的是超凡的自由。

五人三才联合创业

2019年末至2020年初，肆虐全国的新冠疫情给整个社会按下了暂停键，这场突如其来的挑战打得人措手不及。面对前所未有的阻碍与困境，刘建沣走上了联合创业的新路。

第四章 先锋力量：做中国版的"霉霉"

单枪匹马不如团队作战。携程有"四君子"，腾讯有"五虎将"，阿里巴巴有"十八罗汉"，可见在创业征途中，有没有强大的合作团队是决定事业成败的关键一环。

雷军曾说，在创立小米之前，他用了整整两年的时间来寻找合伙人。甚至有一次，雷军为了说服一位候选人加入小米，与几个核心合伙人轮番上阵，连续交谈了7个小时才成功打动这位候选人。

刘建沣牵头，组建了一支由五人构成的创业精英团队。

人有三才——帅才、将才、慧才。在还是个小兵的时候，刘建沣就已经将自己定位为帅才了。一将功成万骨枯，帅才引领定乾坤。在他看来，人生定位最为关键，定好位才能定天下。

三才齐聚，在古代可以改朝换代、变化江山，在当今则可以颠覆行业。找齐三才何其困难，但是在三生这个人才相互吸引、共同成长的平台上，则有了可能。

最初，联合创业的只有刘建沣和李晟荣两人。在刘建沣的不懈努力下，"创业元老"田月云被其诚挚打动，毅然决定重出江湖，而后，刘建沣又成功说服在华东地区深耕且业绩显赫的乔莉雅加入，随后张明也加入进来，就这样，五人团组成了。

有意思的是，这个五人团跨越了四个不同的年代——从"50后""60后""70后"到"85后"，他们全都是从市场一线摸爬滚打走到今天的，各自携带着时代赋予的独特智慧与经验。

唯一的"85后"成员刘建沣，是团队中最年轻的一员。作为团队的灵魂人物，刘建沣组织的联合创业模式不讲个人英雄主义，而是注重平等开放地协同合作，注重团队活力和创新力的平等释放。

如果说三才同驾一辆车，那么，掌握方向盘的是帅才，踩油门的是将才，踩刹

车的则是慧才。

在五人中，刘建沣属于帅才。客观地说，刘建沣确实在带领团队、凝聚人心、制定方向等方面颇有天赋和能力。广东打工创业的经历、早年培训行业的熏陶，都让刘建沣的思想更加超前。

刘建沣所追求的团队共赢建立在平等互利的基础上，"五人三才"符合议事规则里的多数裁决原则，确保每个人都有表决权，实行少数服从多数的原则，确保不会出现一言堂，给了更多人展现自我、贡献力量的机会。

这样的联合创业模式，在直销领域是比较独特的创新。在此基础上，刘建沣还准备在每个省纳入一个联合创始人，这样在全国市场的管理中也能更加全面。

为了让创业之路更长远、更稳健、更快乐自由，刘建沣在团队建设上有坚定的想法和坚持。

刘建沣认为，团队搭建的基础是团队里的所有人共同具备四个特质：有梦想、勤奋、有责任感和忠诚。

要有梦想，梦想是引领人前进、实现成功的核心驱动力；要勤奋，勤奋并非勤劳，努力付出并非"原地踏步"，而是要注入思考，要具备创新和持续改进的精神；要有责任感，责任感不强便是没有足够的担当和使命感，这样一来，团队伙伴、市场机会都会流失；要忠诚，因为获取结果需要时间，所以对事业要有忠诚心，一群人，一件事，一条心，一辈子。

这样的基础建立以后，三才皆备，一同管理，方能定天下，始终走在行业前列。

帅才的"破"与"立"

帅才把握市场。刘建沣最大的优势在于敢于挑战传统，也敢于走出一条与众不

同的创新之路，即便是摸着石头过河，也要带来新的创业思路和机会。

2016年10月，马云在阿里云云栖大会上第一次提出"新零售"的概念，随后天猫和京东开始在"618"购物节展开较量，"新零售"模式在线上、线下、大数据、新技术上的深度结合初见端倪。

在那几年，经营十几年的传统企业也面临转型的思考和实践。传统直销同样渐入末路，新商业业态呈现出"后浪推前浪"之势。

刘建沣的思考是：中国直销已经走到30年的节点，一定会变革，关键在于怎么变。任何产业走到一定阶段都要从高利润转为低利润。而直销也到了真正需要转型升级的时候。

新零售与直销最大的不同是，它不是闭环的商业形态。直销行业不能再满足于用会议、口碑传播、一对多的演示和体验等传统方式来做品牌或营销，而是需要借助大众化的品牌营销方式来帮助成交。

2019年，颇有互联网思维的刘建沣在三生率先提出要实践"新零售"，助力三生开启了直销行业新零售的先河。

三生运营总裁孙鹏博给予他全力支持——整个电子商务部上百位员工任他调配，人力、物力、财力全力配合。备受鼓舞之余，刘建沣也开始放开手脚大胆地干。

在接下来的两三年里，三生开启了创业新模式，率先实现了交易、服务、工具的线上化。三生有享数智云店首创"私域共生，利和同均"的商业模式，在"流量"与"留量"上大做文章，在线上新零售上全力为合作伙伴赋能，让每个人都可以成为店主，实现数字化时代的"创业自由"。

发展永远需要创新。如何运用小米的思维——"任何行业都可以用爆品思维来重构一遍"，在三生激发持续的创新活力和增长动力？刘建沣做出了思考与实践。

爆品的诞生绝非偶然，要打造爆品需要判断用户需求、产品优势、竞争差异化、消费趋势，还需要公司有强大的供应链、恰当的推广渠道等。

刘建沣在仔细筛选后，选择将东方素养肽素乳作为爆品。

事实证明，刘建沣的市场嗅觉是敏锐的。2020年的双十一购物狂欢节期间，三生的肽素乳产品引爆销售狂潮，销售额一举突破千万大关。

借助新零售模式的强劲东风，东方素养肽素乳成为引领三生新时代的爆品，不仅满足了消费者对健康生活的迫切需求，更助力三生在新冠疫情期间实现了业绩稳步增长与市场份额显著扩大。

在艰难的市场环境和行业转型期间，以"85后"刘建沣为代表的新一代创业者大放异彩，用年轻一代的力量助力企业跨过周期，散发出这个时代赋予他们的魅力。

刘建沣具备思维活力、眼光格局，而恰好三生是一个开放自由的平台，是一个"树一样的企业"，给了刘建沣一个自由创业、无限成长的空间。

在三生开启新的20年之际，刘建沣又提出了逆周期赛道的想法。好的服务、好的产品是直销行业的护城河，未来直销赢就赢在私域，往后20年，要继续用爆品思维在私域领域深挖。刘建沣认为，有可能突围的是围绕银发经济和中女时代的"体验式营销"，盘活新的市场，则要开启省、市、县、乡（镇）的网格化和代理制。

创业的道路一直都是自由的。

刘建沣认定，下一步，在康养赛道，三生可能会掀起一波新的浪潮！

张秀峰：

从"自尊敬人"到"惠人达己"

> "自尊敬人"是三生的文化，也是张秀峰的生命底色。张秀峰14岁创业，自2003年起开办四家大型酒店，2005年深入地下矿脉，27岁被写入当地县志。人生走过48年的路，是张秀峰寻求获得尊重的旅程。2024年，站在三生象征荣誉的舞台上接受鲜花和掌声，他立志要开办一所创业学校，给予更多人前行的力量，张秀峰完成了从追求"自尊敬人"到实践"惠人达己"的生命升维。

2023年12月16日，山西遭遇多年来最为严酷的寒冬。

气温骤降至罕见的低点，大雪覆盖了道路，积雪足有一尺多厚，铁路、机场到会场的交通几乎全部中断。

这一天是三生山西年会首次举办的日子。

张秀峰裹着厚重的大衣站在酒店门口，每吸一口气，冷冽的空气便刺痛鼻腔，直冲肺腑。望着茫茫白雪，他心中既忐忑又期待。

就在这时，几辆黑色轿车从远处的雪幕中缓缓驶入视野。张秀峰喜出望外，车

内坐的正是由三生运营总裁孙鹏博带队的三生核心高管，他们还是来了！

车门开启，一股暖流夹杂着坚定的气息扑面而来，孙鹏博身着大衣，步伐稳健地走到张秀峰面前："我说过，就是想尽一切办法，也要来。"

这句话如同一缕阳光，瞬间融化了张秀峰的心。

三个月前，张秀峰把开办年会的想法告诉了三生视百年新零售总裁凌若雅。凌若雅信誓旦旦地告诉他——"如果真的在山西开办年会，那么，孙鹏博总裁会亲自到场支持。"当时张秀峰大受鼓舞，但也只觉得这是激励的话。

如今这句话成了真，张秀峰心中的感动与震撼难以言表——原来真正的尊重不仅仅是言语上的慰藉，更是行动上的支持；原来平凡人的努力与梦想，同样能够赢得尊重与喝彩。

这一天，会场内一片热闹与温馨，2000名参会者挤满了会场，会场内座无虚席。

当晚，张秀峰从自家地下室拿出珍藏了10多年的老酒，与伙伴们欢呼庆祝。那一刻，他深切领悟到，尊重无关社会地位、年龄职位、血缘亲疏，它源自于心与心的真诚相待，是人与人之间最纯粹、最美好的情感纽带。

这份尊重点燃了他内心深处的激情与希望。张秀峰感慨，他这一生所追求的不过如此。

回首人生过去的48年，那是他寻找尊重的48年。

14岁独闯县城

张秀峰出生在山西省太原市娄烦县的一个偏远农村，家境贫寒。在本该茁壮成长的年纪，张秀峰却常常食不果腹，营养不良导致他个子十分矮小，从小在村里就得了个"干毛猴"的绰号。

第四章　先锋力量：做中国版的"霉霉"

直到14岁前，张秀峰未曾踏出过家乡的边界。几十公里外的县城，对于年幼的张秀峰来说，便是外面的世界。

1989年开春，寒意未散。开学之际，张秀峰拿着父亲为他凑来的120元学费，心里有了其他的想法。他想，家里的四个姐姐和一个哥哥都因为贫穷最终辍学种地，如果他也一样，那么他也逃不过面朝黄土背朝天的命运。

在山西这片孕育传奇的土地上，成就了天下第一商帮——晋商。晋商在中国历史长河中称雄商界500年，富甲海内外。300年盐路开辟、200年茶路拓进和100多年票路联通，晋商勇于开拓创新的基因至今流淌在山西人的血液里。

生长于此的张秀峰是否也有其他可能性？能像晋商一样富有成就并获得社会尊重和认可的梦想，在张秀峰心里埋下了种子。

张秀峰下定决心，揣着120元悄悄跑到了县城，开始闯荡社会。

然而，对于14岁的张秀峰来说，一切都十分艰难。很长一段时间里，张秀峰留宿在各种简陋的招待所，常常吃了上顿愁下顿。在那段颠沛流离、举目无亲的日子里，他的内心满是孤独和茫然。

最后，他好不容易找到一份在酒店打杂的工作，每月工资仅有30元。由于年龄小、身形瘦弱，他只能被安排在后厨干一些洗碗、收拾卫生之类的脏活累活。

这一干就是14年。张秀峰从打杂工干到切菜工，又干到厨师，2002年前后，他的工资涨到了每月800元。

在狭小的酒店后厨里，张秀峰每天重复着同样的工作，度过了他的青少年时期。他渴望有一天能走出去，哪怕只是走到人前。

张秀峰试图寻找新的机会，但屡屡吃闭门羹——"你个小孩也能做饭"，这句话像针一样刺痛他的自尊心。而当时的张秀峰已经25岁，羞恼、自卑和无力的情绪像野草一般疯长。

渴望尊重，是一个人与生俱来的本能。

张秀峰决定自己创业当老板，他不想再依赖他人生活，也不想再受到歧视。

开办酒店初显晋商智慧

2003年，张秀峰贷款10万元，在县城开了第一家大型酒店。10万元，在物价水平相对较低的当时，是一笔不小的数目，已经足够买一辆中档轿车或支付几间商铺的首付。

大抵山西人基因里就有这种义利协调、劳资共创的经商智慧。在酒店当学厨的那几年，张秀峰结识了不少供货商。筹备开酒店的时候，他找到这些供货商并提出了一个双赢计划。

就这样，14个供货商凑齐了10万元，帮助张秀峰顺利开办了第一家大型酒店。

艰巨的筹款任务完成了，然而生活拮据带来的尴尬和难堪再次困扰张秀峰。

开业前最让他头疼的是竟然找不到一套得体的西服，张秀峰把口袋里的钱全部掏出来也不够买一套新西服。

幸运的是，一位好心的裁缝店大姐慷慨地送给他一身西服。那是张秀峰人生中第一次穿西服，西服穿在身上，他感到局促、不自在，但人确实精神了不少。最后，他用免费在酒店消费500元的条件作为回报，抵偿了裁缝店大姐280元的西服钱。

张秀峰既惊喜又小心翼翼地举办了酒店的开业仪式，从此踏上了创业路。勤于思考、苦心经营的他运用晋商智慧，仅用一年半的时间，就在县城开了四家大型酒店。

一两年间，张秀峰已经过上了不再缺钱的日子。那是他人生中最开心满足、最有成就感的时光。

第四章 先锋力量：做中国版的"霉霉"

阴影底下的价值思考

27岁那年，张秀峰荣获"青年创业家"称号，他的名字被写入了当地县志。

那个曾经被叫作"干毛猴"的农村男孩，靠着一股不甘人后的劲头和独有的商业智慧，证明了自己的价值，让生活发生了翻天覆地的变化。

然而张秀峰却感觉到不真实——世态炎凉，一旦钱财散尽，他恐怕又要重归旧途。这是一个无法逆转的循环。

贫穷像一道无法逾越的鸿沟，压在他的心头。而今天的成功似乎还不足够，他依旧活在他人的阴影底下。

从物资匮乏的年代走来，他形成了一个世俗的认知——财富是衡量一个人地位的标志，而金钱则是衡量人生价值的关键。

张秀峰认定，只有拥有足够多的财富，才能不再受冷眼、受轻视，才能得到更多人更长久的尊重。

2005年初春，张秀峰站在这片从小生长的土地上，望着连绵起伏的山脉，心中充满了复杂的情绪。

彼时，山西省的煤矿开采正处于一个非常活跃的阶段，煤矿行业业绩节节上扬。由于煤炭供不应求，价格飞涨，在山西这片昔日贫瘠的土地上，处处传诵着"煤老板"们富得流油的神话，吸引着无数人奔向给他们带来梦想的矿山。

张秀峰看到了挑战，但也看到了希望。他决定投身矿产行业。

深黑之下的采矿岁月

从采铁矿开始，张秀峰一步步走向了那个充满未知与危险的世界。

起初，一切似乎都比较简单——只要有个矿产厂房就能生产。张秀峰靠着一台挖掘机和几辆铲车，挖起矿来。那时，1吨矿石可以轻松卖到125元，在当时这是不

错的收入。

然而，好景不长，随着铁矿石资源的逐渐枯竭，加上非煤矿山整治，张秀峰不得不转向更加危险的领域——煤炭开采，那是另一个完全不同的天地。

矿井内部黑暗如墨，将人吞噬。几千米深的地方，几乎是现实世界最接近地狱的地方。

那一天，张秀峰在矿井里爬过了人生最漫长的阶梯。

他身着厚重的工作服，坐上通往地心深处的小火车。小火车在错综复杂的坑道里来回穿梭，在悠长的隧道里，也不知走了多久，直到光明消失殆尽，周围的声音逐渐被地底下的轰鸣声取代，小火车才停了下来。下车之后，他还需步行数百米乃至数千米，才能到达工作地点。

为了确保连续生产，工人们实行三班倒制度，24小时不间断地工作。最久的一次，他连续六个多月没有回家，每天都面临着无数需要解决的问题。

最艰难的一次是在寒冷的冬夜，疲惫不堪的他穿着厚厚的棉衣，竟然在推土机的铲斗里沉沉睡去，那一刻，他仿佛卸下了所有的重负，短暂地回到了宁静的梦乡。他梦到，自己在某一天走出了矿井，终于获得成功，受到千万人的尊重。

在那深黑之下的世界里，张秀峰面对过生命的极限，也听到了自己内心最深处的呐喊。

这份呐喊，成了他最强大的动力源泉，支撑着他坚持了一天又一天，度过多年艰苦的岁月。

投身大健康行业

在那乌黑的千米深矿井下，多的是在夹缝中求生存的普通人，多的是像张秀峰一样强烈企图改变命运的人。

第四章　先锋力量：做中国版的"霉霉"

短短几年里，张秀峰所在煤矿的年产量从百万吨猛增到千万吨，每吨煤的价格也从几十元上涨到三四百元。然而无数人的身体，在煤炭行业的这个"春天"里不断"枯萎"。

张秀峰意识到，比钱财更珍贵的东西是健康的身体、自尊的生活和自由的灵魂，他希望用自己的力量去帮助更多的人改变命运，哪怕只是让他人获得更好的生命体验。

敏锐的商业嗅觉和儒商"以义取利、以利厚人"的宽厚本性，让张秀峰注意到了大健康这个行业，并使他果断选择投身于此。一个多月的时间内，他将四家酒店和所有非煤矿山资源全部卖掉。张秀峰认定，如果昔日"采矿热"吸引来的人走了，县城的整体消费力也将下降。果然，酒店转让出去以后，新东家不赚反亏。

除了血脉里流淌的晋商基因之外，这样的商业魄力和智慧更多地源于张秀峰从未停止学习积累。

从做酒店老板那一天起，张秀峰就开始一笔一画练习写字。现在，他写的字工整有力，骨节分明，稳健而生动。

每天雷打不动的一个半小时，张秀峰用来观看新闻节目。国内外各类财经动态、社会热点，他都不愿错过。书本里、影视银幕上，晋商闯荡拼搏的故事激励着他不断向上。

2012年果断投身大健康行业后，张秀峰辗转在两家直销企业工作过，在这期间，他确实收获了可观的经济回报，11年的市场磨砺也让他在个人成长上收获颇丰。

但他14岁离家闯荡时设下的梦想仍未实现。张秀峰认识到，真正的尊重并非仅仅来源于财富和地位。如何成为一个更有价值、更有意义的人？他开始寻找答案。

人生见喜结缘三生

2022年1月6日，是张秀峰人生中最难忘的一天。这一天，他找到了答案。

那天，他坐在三生万人会场的观众席，听着台上的人讲述那段三生创立之初"两毛钱的故事"。

二十年风雨兼程，三生的成长与发展都始于那微不足道却又意义非凡的两毛钱。

仅有的两毛钱，在那个拮据的时刻，连坐公交车都不够，黄金宝董事长只能徒步走了13站的路程。这段经历述说的是创业的艰辛与坚持，承载的是三生"自尊敬人，惠人达己"的文化基因。

有着同样辛酸经历的张秀峰感同身受，不禁多次潸然泪下。他的思绪飘回到那些在酒店后厨当洗碗工的日子，那时的他极度渴望获得他人的正面对待；他想起了矿井下那段艰辛的时光里，自己承受过的无力感和被黑暗吞噬的孤独与恐惧；他想起了走了11年直销路不被周围人认可和尊重的苦楚。他不管如何努力拼搏终究寻找不到内心的安定。

做树一样的企业，打造全球健康产业中国样本，三生二十年如一日坚持发展壮大，聚焦同一个板块不断深耕，这让他看到了一家企业的真诚、高度和格局。

偌大的会场，坐在几万人中间的张秀峰，流下了喜悦的泪水，他断定这就是他要找的平台，快50年了，他终于找到了对的人、对的事。

从那天开始，张秀峰正式加入三生。

在之后的一年多时间里，张秀峰全身心扑到三生视康的事业里，每天与团队开线上招商会议，虽然忙碌却感受到了前所未有的踏实。短短两个月零七天，他就完成数千万销售业绩，荣升三生视康五星销售经理。用了一年半时间，他已经荣登三生视康高级合伙人宝座。

至今两年多的时间里,张秀峰已经成为三生领奖台上的常客。他时常站在聚光灯下,接受公司颁发的荣誉,感受来自成千上万同伴的热烈掌声和由衷敬意。

开启人生新路

"真正的尊重,不是源于我们得到了什么,而是我们做到了什么、创造了什么。对三生人来说,成功的标准不是收入,而是能为他人带来积极乐观的生活态度,能为他人创造更多的价值,并由此让世界变得更加美好。"张秀峰说。

这是三生对于"自尊敬人"文化价值的解读,也是三生多年的实践方法论。

在三生的平台上,张秀峰犹如找到了明灯,骨子里深藏的经商天赋终于得到释放。

商与儒和衷共济。张秀峰鼓励更多的人追求卓越,努力提升业绩,在三生的平台上实现个人价值,为此,他毫不吝惜地给伙伴们传授"如何定目标""如何行动""全力冲刺业绩"的成功经验。

他和无数山西商人一般,擅长让利于人、凝聚人心。

他总能带给大家温暖与惊喜,也因此收获了大家的尊重。不管出现多大的困难,张秀峰始终展现出积极乐观的态度,用自己身上的强大能量感染着周围每一个人。

在三生,张秀峰开始了新的人生课题——敬人、惠人。

于张秀峰而言,重要的已不是头顶的光环有多绚烂,而是这个光环能够照亮多少人前行的脚步。三生给他的最大收获不是金钱也不是荣耀,而是尊重的力量,是信心、笃定,是伙伴们的成就带给他内心的安宁。

他希望开办一所学校,专门帮助像他一样人生起点低的人,带领他们成功创业,实现人生梦想。这是张秀峰在无数个受人冷眼嘲笑、无数个创业无助的时刻里

萌生出来的想法。

他的这个想法正如三生打造个人经济体梦工厂的初衷一般，将三生的赋能系统经验分享给社会，让更多的创业者受益，真正实现"自尊敬人，惠人达己"。

五十知天命的张秀峰，开启了人生新阶段，"自尊敬人，惠人达己"已经成了他的一种力量，一种态度，一种智慧，更是一种行动。

附录 appendix

数字经济时代的个人经济体

李利君[①]

【摘要】数字经济时代，中国经济社会出现了一个体量小的经济单元——个人经济体。随着数字技术的日益发展，个人经济体越来越显出活力来，以其强大的创新性功能，在经济社会发展中起着资源配置、活跃市场、强化社会协同的重要作用。但是，由于属于正在起步和成长中的经济现象，这个经济单元在带来繁荣的同时，也给社会管理带来新的挑战。整个社会结构的基石因为这些个人经济体的存在而发生了变化，各种传统理念受到前所未有的"空间"和"时间"挑战，对经济基础的构建和社会关系的调整提出了新的要求，应该引起高度重视。

【关键词】数字经济；个人经济体；新经济现象；社会结构；协同

【中图分类号】C912.1；F49　【文献标识码】A　【文章编号】1009-8461（2023）09-154-06

---

① 李利君，广东省交易控股集团有限公司党委委员，武汉理工大学控制工程领域硕士研究生。

个人经济体崛起时代

The Rise of Individual Economy

在数字经济时代，我们会注意到这样一个事实，即整个社会的协同性呼声越来越高，实际协同也越来越强。这种协同表现为经济链条上不同独立实体之间的自觉协作与合作，在一个趋同的经济利益目标之下，工作链条中的不同环节上的具体工作主动寻求对接。而在另一端，存在着一种情况，就是实施这一协同的是越来越小的经营单元，并形成了独立的经济单元——最小的可能已经是一个单个的人。这既与传统乡土中国的经济模式（小农经济）已经相去甚远，也与社会化大生产的那种"人山人海""车水马龙"迥然有异。

一、个人经济体的提出

我们来看一下"另一端"发生了什么。

《互联网+：从IT到DT》（阿里研究院著）、《互联网思维独孤九剑》（赵大伟主编）、《互联网金融手册》（谢平、邹传伟、刘海二著）、《直播电商：带货王修炼真经》（熊友君著）、《粉丝经济》（叶开著）……这些财经类书籍，都紧紧围绕网络平台展开自己的叙述。它们共同关注到了网络的力量，把笔锋集中到互联网上各种鲜活的案例上。甚至像《中国互联网经济发展报告（2019）》这样严谨的文本，也辟出"案例篇"来，对成功的个案做了浓墨重彩的描述，大大增加了吸引力。凭借对时代敏锐的嗅觉，这些著作注意到了显示屏上的繁华与喧嚣，还差一个转身，它们就将发现，在另一端，显示屏的对面，有一个不一样的群体。正是这个群体的存在，才有了互联网上的"五谷丰登"。

这个群体叫"个人经济体"。

《中国互联网发展报告2022》发布的统计数据显示，截至2022年6月，中国网

民规模已经达到10.51亿人，互联网普及率达到74.4%[①]。而网民实际上已经形成了这样几大类，一类是以纯粹观光为主的"游客"，一类是博取流量、带有哗众取宠色彩的"游侠"。还有一类则是把互联网作为经济生活主战场的个人经济体——在王万军出版《个人经济体：如何抓住时代红利，成就个人财富人生》这本专著之前，这些人的名称并不统一，有电商、微商、网红等。这个群体存在于中国网民之中，数量巨大，但目前还没有精准统计。在《直播电商：带货王修炼真经》等著作里，这个群体已经成长为一种风景和力量了。王万军在《个人经济体：如何抓住时代红利，成就个人财富人生》这本书里，试图告诉这个群体"如何抓住时代红利，成就个人财富人生"。对于一个人人都能掌握数字利器的时代来说，王万军的这一努力，应是万众期待。在这本著作中，王万军没有明确阐述"个人经济体"的概念和内涵，作为社交商业战略专家，他的兴趣主要在操作层面。他饶有趣味地用大量案例勾勒了一个实现路径，这弥补了概念缺位的不足。因为大量的案例中隐含着对"个人经济体"内涵和外延的界定，同时，随着这一概念被接受程度的提高，它的内涵和外延会得到进一步丰富和完善。如果我们能证明这一经济体是确定存在的，且它能够在以后的经济生活中占有一席之地，那么，我们就有足够的自信。

　　王万军对大量的经济活动进行了总结，他把视角放到经济单元上。他发现，大体上可以描述出经济单元的一个发展路线：个体户→个人经济体→超级个人经济体→公众公司。当然，这些经济单元未必构成前后的逻辑关系，只是各经济单元因自身特点不同而表现出差异化来。譬如，个体户（个体工商户）是在改革开放之初，对以公有制为主体的所有制形式的"必要的有益的"补充。个体户是老百姓生活最直接的服务者，主要集中在服装批发、零售、住宿餐饮、居民服务和修理等行业。个体户体

---

① 中国互联网协会.中国互联网发展报告2022[M].北京：电子工业出版社，2022：6.

量都不大，社会化程度不高，由"自然人"或"家庭"构成，有着鲜明的传统作坊式的特点，是中国改革开放之初特定时代的产物。公众公司，既可能是从更小的公司滚动发展而来，也可能是由财力雄厚的投资者"浇铸"而成。而个人经济体的背景是信息化、数字化基础上的互联网。在全面覆盖社会生活的数字化浪潮中，个人经济体显然是经济大潮中的"散户"，既有较大的自由度，也有强烈的归属渴望。他们如大海上难以计数的浪花，构成数字经济中最细小、最壮观和最重要的经济单元，已经形成一种颇具规模的新经济现象。

二、个人经济体的特征

作为一种新经济现象，个人经济体是当下经济社会生活中最富活力的经济单元。这个单元是松散的，没有道德观念或者协议、合同之类的东西把它们关联起来，有的只是生存的需要、对个人现实物质生活的不满或对理想生活的追求和梦想。"个人经济体"本来是一个新概念，但是，在我们的实验中，即或第一次听到这个词，很多人也自然就接受了它，毫无陌生感。这说明它出现在学术领域的时间虽然不长，却早已存在于人们心中。著名出版人、广东经济出版社总编辑冯常虎凭着职业敏感认定，此书具备畅销的潜质。他因此邀请了华为研究专家、《华为真相》一书的作者程东升，《高端品牌是如何炼成的》一书的作者刘波涛，千亿企业温氏集团战略顾问、《重启增长》一书的作者陈亮嘴，在南国书香节（2023）上共同推介和解读《个人经济体：如何抓住时代红利，成就个人财富人生》中包含的时代流量红利。南京大学快速反应，迅速组建了个人经济体实验室[①]，意在使这一概念落地并成为一门新兴学科。通过理论研究和系统学习，使个人经济体从现象走进

---

① 孙绮曼.个人经济体备受关注，南京大学筹建研发实验室［EB/OL］.（2023－07－24）［2023－08－01］. https://baijiahao.baidu.com/s?id=1772302549211929191&wfr=spider&for=pc.

现实、从"牛羊散漫落日下"的无序状态走向"百万雄师过大江"的有序格局，稳定自信且主动自觉地在数字经济时代扮演更举足轻重的角色，担负起更重的担子也即时代使命。较早解读个人经济体的专家——被誉为"中国新营销领袖级人物"、中国最具综合实战能力的职业经理人之一，素有"营销卧龙"之称的孙鹏博认为，当下，社会已经进入个人经济体时代。"一个有意思的经济现象正在发生：头部网红主播在大型购物节的一场收益，就能达到一家中型企业一年的业绩。这就是'个人经济体'的力量——既不同于'个体经济'，也不同于'企业'"[1]。在2023年南国书香节分享会上，他通过现场分析后进一步给出结论："个人经济体时代是价值协同的时代。"王万军则认为，"过去，传统企业组织僵化的大部分原因是根据分工，各自为政，但数字化的组织往往最先打破的就是这些人为竖起的'篱笆'"，"所有人在发挥自身专业能力的同时，更多的是协作状态"[2]。

  我们认为，这是个人经济体最基本的特征。

  从"协同"的角度来看，的确，个人经济体的个体之间有着商业利益上的合作，既体现为上下游的承接式合作，也体现为互助互补式的协作。此外，还有商业模式、具体营销手段和呈现内容方面的相互学习、模仿、借鉴和改造，甚至"抄袭"。自称做"搞笑视频"的李雪琴，在未"大火"之前，曾以幽默的方式，称自己到脱口秀大会就是"来上货""找段子"的，将之作为自己创作的素材。如果说价值协同，那么，最突出的体现是这种资源的互利互惠。因此，可以说，个人经济体给时代带来了万众狂欢。

---

[1] 孙鹏博.个人经济体时代，每一个人都应该赚一次趋势的钱［EB/OL］.（2023-05-31）［2023-08-01］.https://baijiahao.baidu.com/s?id=1767387796387260475.

[2] 王万军，罗叔，彭甜甜.个人经济体：如何抓住时代红利，成就个人财富人生［M］.广州：广东经济出版社，2023：16.

我们可以试着为这个单元已经初显的状态画个像：

第一，网络奠定方向。个人经济体几乎是与互联网的飞速发展同步的。1994年，中国接入互联网；1995年，马云与何一兵创建"中国黄页"网站；1997年，丁磊创建网易；1998年，张朝阳创建搜狐、马化腾创建腾讯、王志东创建新浪……以互联网元年为起点，个人经济体开始登上中国市场经济的舞台，先从跑龙套和不被看得上眼开始。马化腾最早找到的投资人是李泽楷，但李嘉诚对马化腾的QQ并不看好，倒是在义乌小商品一条街上考察的张磊注意到了个体户们名片上的QQ号，看到了其潜在的巨大商机。QQ号，与电话并驾齐驱的这么一个崭新的社交工具，突破了社交局限。如今做大做强的马化腾、马云、丁磊、张朝阳等，几乎都是守着电脑、泡在互联网上的，他们以二进制数字技术支撑起来的互联网为土壤、以无限宽广的互联网为市场——互联网这个大平台几乎就是他们的大地。作为最早的个人经济体，他们先富起来的经验就是：平台就是方向。今天，这个方向不仅仅意味着商业的方向，也意味着学习的方向、人生的方向、社会的方向、发展的方向。他们身上潜藏着不可限量的巨大能量。王万军在《个人经济体：如何抓住时代红利，成就个人财富人生》一书后记中说，个人经济体以一人之力，上下链接各种社会资源并形成生产要素，聚合成了一个庞大的"经济体"[①]。诚哉斯言！

第二，价值在于配置。个人经济体最初在与国计民生相关的重大经济活动中几乎见不到身影。他们没有充裕的资金，没有深广的人脉，没有成熟的市场。有的，就是对市场需求的熟悉和不受约束、简洁通透，甚至有些急功近利的"到岸"的思路。他们发现，市场经济并不是环环相扣的紧密链条，反倒是相互隔离、相互张望

---

① 王万军，罗叔，彭甜甜.个人经济体：如何抓住时代红利，成就个人财富人生[M]. 广州：广东经济出版社，2023：337.

的"孤岛"。于是，他们扮演起"拼缝儿"的角色，开始了个体的资源配置历程。2020年3月出台的《中共中央 国务院关于构建更加完善的要素市场化配置体制机制的意见》指出，要充分发挥市场配置资源的决定性作用，畅通要素流动渠道，保障不同市场主体平等获取生产要素，推动要素配置依据市场规则、市场价格、市场竞争实现效益最大化和效率最优化[1]。资源配置的实施主体更多的是政府或者大型企业。但个人经济体从小角度入手，以"小分队"的方式介入了这一对市场起着决定性作用的领域。他们还没有实力起"决定性"作用，但实实在在地在"畅通渠道"。在不被注意的角落或不为人知的地方，他们开始探索脑洞大开的商业模式。在各大城市带着"孵化器"色彩的写字楼里，这样的经济体如雨后春笋般涌现。他们注册一个公司，合租办公室——每个经济体的名片上印着的那个公司地址，可能只是一张办公桌。他们共享会客室、会议室、演示室、洽谈室……业务各自独立，互不相扰。"共享"这个词在稍晚一点的时候才出现。如今，这既是一个重要的理念，也是非常重要的一种商业模式。这种基于"资源盘活"的思路，显示出的并不是"高大上"的档次，倒很有些"穷人互助"的特点。当然，这样具有智慧含量的"聪明"之举，还是受到了一部分有识之士的重视。中国第一代个人经济体的代表人物马化腾提出过"分享经济"的概念，它与"共享经济"神似。马化腾称其为"公众将闲置资源通过社会化平台与他人分享，进而获得收入的经济现象"[2]。今天，共享单车、共享汽车、共享充电宝、共享洗车、共享停车、共享民宿、共享知识平台……共享时，复杂难缠的所有权不发生任何变化，以盘活利用为主要特点的思路

---

[1] 中共中央 国务院关于构建更加完善的要素市场化配置体制机制的意见[EB/OL].（2020-04-09）[2023-08-01].https://www.gov.cn/zhengce/2020-04/09/content_5500622.htm.

[2] 马化腾，张孝荣，孙怡，等.分享经济：供给侧改革的新经济方案[M].北京：中信出版社，2017：16.

证明："所有权变得不如接入重要"[1]。资源从相对时间内的静止状态变为运动（流转）状态，大幅提高了资源利用率，节约了整体社会的基础成本，极大地方便了人们各种大众化甚至是小众化的需求。所以，"共享"就成为一种广受欢迎的商业理念和商业模式。在共享经济中，个人经济体贡献出来的是自己的智力、点子，他们把此岸与彼岸联结起来，资源配置成功，相当于完成了"逢山开路、遇水架桥"的工作。

第三，最是少年不可欺。早期以"经济体"的面孔出现的那些个体先试者，他们初出茅庐时满面稚气。今天，稚气已消的他们，一部分已经成名成家，一部分已经转到幕后。最重要的是，这些人中的大部分都已经步入中年行列，他们敏锐的目光更多地表现为关注资本、供应链、生态链。他们从"拼缝儿"、资源配置的角色成长起来，想的都是"逢山开路、遇水架桥"。目前，接续而来，在这个经济体里活跃着的，是在互联网浪潮中成长起来的"90后"，紧随其后的则是更加年轻的"00后"。"90后"们对市场需求有着成熟的看法。尽管他们的个人成长路径千差万别，但他们踏着互联网之浪而来，很多人都有被妈妈从网吧里揪出来的"血泪史"。一方面，他们看到了网络世界的无穷魅力；另一方面，展现在他们眼前的却是由下海、下岗、自主择业和进城打工等混合而成的市场化场景。上一辈人在市场中靠肩膀和体力生存的艰难，他们看在眼里，"穷人的孩子早当家"，他们与上一辈人最大的不同是：早早地步入了"市场"中。"市场"这所无边无际的社会大学，用粗暴有余、温柔不足的教育方法，让他们在既自由又焦虑中学会了在互联网的世界里施展身手。

第四，草根IP起飞。尽管在成为个人经济体之前，罗振宇、张泉灵等大咖级人

---

[1] 王万军，罗叔，彭甜甜. 个人经济体：如何抓住时代红利，成就个人财富人生 [M]. 广州：广东经济出版社，2023：337.

物有在央视这样的大单位任职的背景，但他们与各种标号的"二代"关系不大。几乎没有多少人会因为家庭背景、社会关系而"走红起飞"，成为成功的个人经济体。他们靠的还是个人IP。这是属于他们个人起飞和续航的软实力、核心竞争力。即便他们从"一人体"的形态向"多人体"扩大了，依然用的是以个人IP为焦点形成的直播切片式的散点透视的打法，打出了天女散花般绚烂缤纷的效果。对于草根们来说，个人IP永远有着举足轻重的江湖地位。芙蓉姐姐、李子柒、罗永浩、董宇辉……年代有别，风格各异，但这些个人IP，带着唯一识别性，成为他们在数字时代攻城略地的超级神器。这时，宝贵的流量沉积下来，整个价值链条被清晰地勾勒出来。2023年，罗振宇走出大型体育场，走进深圳书城龙华城，"边走边讲"他的跨年演讲《时间的朋友》。这是他20场目标的第8场，流量是否沉积下来了？他用22个故事和频出的金句证明，流量已经沉淀下来，支撑着他的跨年演讲骄傲而强劲地拉出一个"价值链条"。

第五，创新强于创造。 从近年经济、管理、商业模式、成功学、零成本创业类畅销书提供的信息来看，直播带货、短视频几乎成了个人经济体最重要的生产方式。高科技提供的低门槛，让很多人"兵不血刃"地进占了这些高地，他们与农夫山泉那句著名的口号——"我们不生产水，我们只是大自然的搬运工"有异曲同工之处。的确，直播带货和短视频中的网红和准网红们，大多也不生产"产品"，他们大都在拼命推销某种产品。他们的创新体现在带货技巧、吸睛策略和商业模式方面，他们在创造物质形态的新材料、新产品方面步伐略迟，代表案例不多，多是在创意领域进行着创新实验。即便是最传统的讲故事，也不再是"从前，山里有一座庙"，往往是以陈磊为代表的混知不正经式的"历史故事新编"。当年明月其实也是一个故事创新高手，《明朝那些事儿》在推陈中出新。当然，创造也不是完全缺位的。比如，刘慈欣最早发表在《科幻世界》上，后来被马化腾、雷军、周鸿祎等

网络大神级人物强烈推荐的科幻作品《三体》，就创造了一个全新的宇宙，成为个人经济体最彰显创造价值的生动例证。

技术在助推创新向着"更新"的高度前进，譬如美颜功能、淡化或虚拟背景功能，令直播带货的网红们如虎添翼。面对这些技术，早年的芙蓉姐姐等靠自身"硬实力"博取关注的一干"先行者"们，不知会不会生出"我生也早"的恨意！个人经济体目前还是一个朴素粗放和不自觉的经济单元，他们并不认为自己属于某一成型的社会性单元组织。他们都重视"火"，这是由依托互联网的所谓"流量经济""眼球经济""注意力经济"的本质决定的。没有"火"，就没有蓬勃的商业生命。因此，无论是原创还是搬来的"他创"，他们必须始终处在一个创新的状态中——不是在创新就是在创新的路上。他们在熟悉中找陌生，在陌生中找精神或感官方面的共鸣。这种共鸣无关层次，就是"一刷即合"。

三、个人经济体的发展趋势

经济学家范恒山说，个人经济体是一种"基于科技成就与组织模式创新的经济形态"[1]。人文财经观察家秦朔认为，个人经济体是在现代社会，经由全球化、信息化、服务化、IP化、社交化、平台化等助力之后，形成的一种"新经济与新文化现象"[2]。未来，我们也许将迎来个人经济体以几何倍数扩张的时代。我们已经目睹了这样一个事实：那批早期的具有个人经济体特点的"经济体"，其中有一部分已经成长为"超级个人经济体"，他们早已鲤鱼跃龙门，完成了华丽转变，建起了巍然的商业帝国——当然，在数据还没有办法精确统计的情况下，我们还是要清醒地

---

[1] 王万军，罗叔，彭甜甜. 个人经济体：如何抓住时代红利，成就个人财富人生 [M]. 广州：广东经济出版社，2023：332.

[2] 同上。

看到，相较于网络上难以计数的"个人经济体"，这些成功个案所占比例并不高。即便如此，他们依然起到了很好的示范和导向作用，极大地刺激着"后浪"们跃动的心。

王万军在对个人经济体进行描述时，做了很多总结。他在有关罗永浩的运营模式的论述中发现了一个秘密："直播顶流把公域流量与私域流量相结合，以高交互性、高黏性让粉丝变成长期客户。"[1]与传统的中药配方或其他工艺相比，他们的商业秘密就没有那么富有"隐秘"性，很容易被总结和发现出来。沸腾的"万众"也很快注意到，这些个人经济体的"私域"不仅成了他们与平台资本博弈的筹码，还让他们拥有了强势的议价权。他们能够在"私域"平台中将C端粉丝流量牢牢地掌握在自己的手中，从而沉淀成有着明显个性化色彩的"数字化资产"。这些经验看起来很容易复制和效仿。比如绿衣巧嘴意公子火了之后，就连三、四线小城都出现了一些谈古论今的模仿者。而南京大学成立的个人经济体实验室，更是把个人经济体研究推向理性认知和可操作的层面，越来越多的个人经济体案例会得到全方位的立体分析，类似罗永浩式的运营模式会源源不断地被总结出来并被广泛复制和推广。新的个人经济体将结束"摸着石头过河"的探索阶段，进入有理论指导的新时期。这将使个人经济体形成"头羊效应"，在头羊的带动下，其身后就会出现一串有梦想的羊群。

offer先生的《2022届大学生就业现状分析》[2]显示，2022届大学生中，有15.8%的人选择自由职业，同比上升8.1个百分点。北京大学国家发展研究院与智联招聘联

---

[1] 王万军，罗叔，彭甜甜. 个人经济体：如何抓住时代红利，成就个人财富人生[M]. 广州：广东经济出版社，2023：42.

[2] 2022届大学生就业现状分析[EB/OL].（2021-10-18）[2023-08-01].https://zhuanlan.zhihu.com/p/422788745.

合发布的《2022雇佣关系趋势报告——数字时代的多元雇佣关系》[①]显示，有9.8%的"00后"愿意从事自由职业，占比明显高于"70后"的1.9%、"80后"的5%、"90后"的6%和"95后"的5.4%。自由职业，大概率不会是公务员、国企员工。MBA智库百科对"自由职业"的定义是："指以个体劳动为主的一类职业，没有隶属于任何公司或和特定公司签订专属契约的职业形态。"这个定义，与我们认知中的"自由职业"大体吻合。在"如何踏入自由职业的行列"条目下，MBA智库百科预测："由于年轻一代擅长网络科技，使得线上工作、在家工作的人越来越多，这些都是自由职业市场的一环。"《2022雇佣关系趋势报告——数字时代的多元雇佣关系》亦认为："随着短视频主播、兼职策划等自由职业的兴起，伴随着互联网浪潮成长起来的'00后'，更愿意接受并从事自由职业，实现工作与生活的平衡。"据此，我们大体肯定的是，年轻的自由职业者们，通过个人创业成长为个人经济体，已经基本成为一种时尚或重要的选择，当年明月的母亲当年说的"年轻人还是得有个单位才是正经营生"，已经成为一句"隔代"古训，年轻人未必再将其当成金科玉律。这是个人经济体必然会形成更壮观风景的人才基础。

而与此同时，人工智能正在全面深入数字经济生活之中。新华社研究院中国企业发展研究中心2023年8月发布的《人工智能大模型体验报告2.0》揭示了人工智能的许多即将为人所知的秘密：一是语言能力、AI向善、跨模态和多轮对话四大指标的测评结果显示，"人类与AI之间的差距并不显著"。二是从常识知识、逻辑能力和专业知识等方面考察发现，人工智能"在处理复杂问题时，能够提供更严谨的思维逻辑和更强大的分析决策能力"。三是在大模型能否帮助人类工作提质增效，以及

[①] 肖晗.《2022雇佣关系趋势报告》发布：数字化新兴职业迅速增长，00后靠技能做副业［EB/OL］.（2022-10-13）［2023-08-01］.https://baijiahao.baidu.com/s?id=1746572385124200404&wfr=spider&for=pc.

业务流程、选题创新和内容创新等工作方式的改进和升级方面，人工智能"足以帮助人类更快、更从容地完成工作任务"，同时还能"提供新的思路和方法"。这些特点让大企业有足够的理由选择能够代替人的人工智能，以此减少人力资本投资，节省用人成本。更何况，人工智能还有一个最有诱惑力的"提高效率"的功能。大企业如此，个人经济体概莫能外。对于他们来说，人工智能涉及的敏感的伦理问题和人类的未来等问题比较抽象和宏大，他们不会触及。虽然他们未必是"精致的个人主义者"，但他们一定是务实主义者。个人经济体看重的是当下的热闹和明天的回响，如果没有直接的经济利益，他们也决不放弃人设的提升——迟早也要转化成经济利益。毋庸置疑，个人经济体看中的是人工智能最适合自己的那部分。所以，本着"拿来主义"的原则，在未来，个人经济体的发展势头一定会如同热带雨林一样浓荫蔽日，形成蓊郁的壮观景象。网经社电子商务研究中心发布的《2022年度中国电子商务市场数据报告》显示，2022年，中国电子商务行业直接从业人员达722万人，间接从业人员达6325万人。同年，网络零售用户规模达8.45亿人，占网民总数的79.2%。为个人经济体提供平台服务、位列零售电商"独角兽"榜第一名的抖音，估值达到13480亿元。这组数字尚不能精确区分出个人经济体的贡献度，但可以肯定的是，如果去掉个人经济体和超级个人经济体，这组数据必定大大缩水。

更重要的是，现代社会中无所不在、无所不能的资本，会用各种灵活的办法见缝插针，集聚产业链。那些超级体量的"大公司"也会越来越大、越来越多。这些"航母级"的大公司决不会漠视个人经济体潜在的创造力和商机。它们将越来越倾向于由众多"兄弟"或"子侄"关系的平行的内部小一点的经济体勾连而成——外面看是一个大石榴，里面却是紧紧抱在一起的石榴籽。而这样的经济体，与个人经济体在创新性、活跃性、灵活性和组织协同方面，越来越接近、越来越相像。

恩格斯在《共产党宣言》1883年德文版序言等经典著作中多次说过，贯穿《共产党宣言》的基本思想是，每一历史时代的经济生产以及必然由此产生的社会结构，是该时代政治的和精神的历史的基础[1]。个人经济体这一概念的确立，标志着我们对社会结构有了更细致的认识。无须多言，辩证唯物主义最基本的原理将引导我们再次认同这样一个结论：作为社会结构中最重要的一面的上层建筑中的诸多要素，也将会受到反作用。因此，个人经济体应该引起全社会的高度重视。

有鉴于此，2020年7月，国家发展改革委等13个部门联合发布了《关于支持新业态新模式健康发展 激活消费市场带动扩大就业的意见》（简称《意见》）。《意见》提出，要积极培育新个体，支持微商、电商、网络直播等多样化的自主就业、分时就业。明确支持线上多样化社交、短视频平台有序发展，鼓励微创新、微应用、微产品、微电影等万众创新。《意见》还强调，要探索适应跨平台、多雇主间灵活就业的权益保障、社会保障等政策。探索完善与个人职业发展相适应的医疗、教育等行业多点执业新模式。《意见》是个人经济体收到的一份国家级"大礼包"。政策的激励具有鲜明的刺激功能。市场监管总局发布的数据显示，2023年一季度，文化、体育和娱乐业，交通运输、仓储和邮政业，住宿和餐饮业，批发和零售业等行业新设个体工商户分别为7.5万户、18.8万户、67.9万户、265.1万户，同比分别增长39.0%、25.1%、19.8%、10.4%。而网络直播、微商、电商等具有新技术、新产业、新业态、新模式特点的新经济个体工商户已达3515.4万户，总量占比由2019年的24.9%持续提升至30.2%。央视新闻评价称，这些新个体经济"为我国经济转型升级注入了新的活力"。"新经济个体工商户"与"个人经济体"是否能成为同一或近似的概念，尚需专家研讨。

当然，我们必须清醒地看到，个人经济体的激增，并不意味着每一个个人经济体都会成功，其中失败的概率和失败者所占比例也将比以往任何时候都更大。

---

[1] 马克思，恩格斯. 共产党宣言［M］. 中共中央马克思恩格斯列宁斯大林著作编译局，译. 北京：人民出版社，2014：7.

更何况那些大型经济体也将牢牢地抱住个人经济体最重要的依靠——数字化的"大腿",大刀阔斧开始布局。比如,经过洗礼的很多产业电商平台,已经开始逐步推动在智慧供应链、大数据、云工厂等方面的战略落地,搭建"数据—科技—平台"多层次生态体系,打造交易、企业服务、产业数字化改造多个增长极。这是大多数个人经济体无法抗衡的。但不管怎样,整个社会结构的基石因为这些个人经济体的存在而发生了变化,各种传统理念受到前所未有的"空间"和"时间"挑战,对经济基础的构建和社会关系的调整提出了新的要求。譬如教育。由于人工智能会影响个人经济体对人工成本的考量,于是便有专家质疑,目前的教育体系能否适应人工智能技术。同时,人工智能将会带来的失业风险也没有得到充分的评估。因此,社会结构的变化带来的生产关系的调整和变化将充满巨大的未知。

习近平总书记指出,"要坚持系统的观点,依照新发展理念的整体性和关联性进行系统设计,做到相互促进、齐头并进。"[1]这对我们思考个人经济体这一新经济现象有着非常重要的理论指导意义,为进一步研究个体经济指明了方向,即必须坚持系统观点,抓住"整体性"和"关联性"这两个牛鼻子谋篇布局。

对于个人经济体来说,谋发展必须和多元化发展有机结合起来,即个人经济体必须进行版本升级。有业内人士认为,筑就个人经济体的战略举措还包括强大的供应链、完善的教育培训体系、系统性层级服务、对品牌推广和业务中台的投入,"要以数字人为'器'、个人经济体为'道'"[2],改变单纯的信息服务,用

---

[1] 习近平.论把握新发展阶段、贯彻新发展理念、构建新发展格局[M].北京:中央文献出版社,2021:105—106.

[2] 雷昆仑.三生构建"个人经济体"下的数字人生态[EB/OL].(2023-07-19)[2023-08-01]. https://www.uprich.com/index/index/webShieldDRSessionVerify/ABGHuVSwx96t7aPsBCrr/p/974.html?m=Index&a=article&type=0&id=9860.

数字化手段整合金融、物流、仓储、加工及设计等供应链资源，培育产业电商新模式新业态，逐渐向多元化发展。国家层面，也为数字经济时代正在徐徐拉开的大幕做了充分的准备。2021年10月，商务部、中央网信办、国家发展改革委出台的《"十四五"电子商务发展规划》提出，要"鼓励模式业态创新"，推动社交电商、直播电商、内容电商、生鲜电商等新业态健康发展。鼓励电子商务企业积极发展远程办公、云展会、无接触服务、共享员工等数字化运营模式，此外，还有深化协同升级、引领消费创新等任务，都是个人经济体长袖善舞的所在。由此可见，个人经济体要持续保持活力且发展壮大为"超级个人经济体"，就必须在进一步突出专精尖的基础上，或把单一体丰富成复合体，或延展触角，抓牢上下游。只有这样，个人经济体才不会昙花一现，才能形成"花常开、春常在"的格局。

与"个体户"（个体工商户）相比，个人经济体缺少一个重要的法律属性：工商登记。个体户是依法在工商部门登记注册的自然人或家庭，而个人经济体缺乏这一环节。发现个人经济体并为这一经济体"张目"，并不意味着个人经济体可以如同野草一样"自由"生长。在数字经济宏观框架体系下，个人经济体也面临着一个"准生证"的问题。是以过去那种"个体户"的形式，还是以"有限公司""一人公司"的方式获得注册登记？这需要有识之士审时度势，深入研究。否则，以一己之高度机动灵活性和便利性，架起一部相机就直播，通过流量赚取时代红利的这种"大珠小珠落玉盘"的自由落体方式，可能不会走得太远。毕竟，社会的进步和发展是"社会化"的，人与人之间要协同，人与社会之间要协同。既然协同，"经济体"的经济行为就不能没有规则的约束或规范化的管理，每一个经济体都需要在"发展"这个大概念之下，最大限度地"让渡"自己，将一己的欲望和需求与其他人、与社会达成有进有退的共识，形成离目标较近的最优性价比。

今天，我们欣喜地看到，在数字化背景下，个人经济体比改革开放之初那些从家庭联产承包责任制的时代洪流中走进城市的农民工、个体户幸运得多。对这个时代，他们有备而来。数字化时代肇始之初，早期的个人经济体们"初生牛犊不怕虎"。如今，个人经济体迭代更新，后辈们毫不逊色，勇气可嘉，虎气更旺。

后记 *postscript*

网红的阶层固化与普通人的个人经济体机会

本书撰稿临近尾声的时候，正是两个网红主播掐架最热闹的时候。

热闹的背后，凸显了网红的阶层固化现实，这击溃了想当网红的万千个体创业者的梦想，更引发了一个深层次问题：普通人如何成为个人经济体？

热闹由网红辛巴挑起。这位快手带货一哥用1亿元来"diss"抖音带货的杨氏兄弟，直指杨氏兄弟对消费者不负责任，自己愿意代为赔付在杨氏兄弟直播间买了假货的消费者。可谓打蛇打七寸，辛巴这一招差点将竞争对手彻底打趴下，也把自己的人气拉满了。

但千万不要搞错，能如此操作，依靠的不是智慧而是阶层。

许多人可能有能力想到这一大招，但你有能力拿得出1亿元吗？

更重要的是，阶层限制了想象力。

在很多人以为杨氏兄弟要彻底"凉凉"的时候，却来了个大反转，声称代为赔付的辛巴的直播间被封禁，而杨氏兄弟直播间却照样开播。

这就是网红阶层被固化的现实。

2024年7月底，人力资源和社会保障部将"网络主播"确定为正式职业，但同时传出消息，90%的网络主播年均收入低于5000元，这意味着网络主播的月均收入只有

400元左右，有些主播的月收入甚至在100元以下。

成为董宇辉、罗振宇、罗永浩，是无数普通人的创业梦想，他们甚至试图通过学习或模仿来成功。但往往画虎不成反类犬，至今我们都没有见到成功的案例。

这是因为董宇辉等人的成功不可复制，他们要么有远超普通人的能力，要么凭借资本和平台成为远超普通人的那一个，或者兼而有之。

不得不说这是一个心酸的现实。

董宇辉、罗振宇、罗永浩等个人经济体的崛起与爆红，给许多个体创业者带来无限的期望，甚至激发了个体创业者巨大的梦想。但他们的不可复制性，犹如巨大的鸿沟，又将普通人挡在了大门之外。

个人经济体时代，时代红利不应只是精英的红利，每个普通人都有平等享受红利的权利。

如果说已经出版的《个人经济体：如何抓住时代红利，成就个人财富人生》一书提出了个人经济体理论系统，并解构了那些头部个人经济体的成功秘诀，那么，"如何让普通人成为个人经济体"则成了《个人经济体崛起时代》这本书最大的命题。

很显然，要成为个人经济体，普通人绝没有董宇辉、罗振宇等人那种超凡的智慧，只有借助外力，借助平台的赋能系统，才有成为个人经济体的可能。

如果个人借助平台赋能系统，只要听话照做就能获得成功，并且依赖系统进行复制，复制出越来越多的自己，哪怕自己再弱小，个人经济体联合体也将变得超级强大——这无疑是普通人成为个人经济体最理想之路。

研讨出一套行之有效的平台赋能系统模型，成为解开这个"时代之问"难题最好的钥匙。

但平台赋能系统往往又藏在幕后，甚至是平台的秘密。

首先要感谢三生（中国）健康产业有限公司（简称"三生"）黄金宝先生的信任与支持，我们联手写作了这本书。三生前20年一直在打造最佳创业平台，积累了丰富的创业赋能经验，建立了个体创业赋能系统，其中倾注了黄金宝先生多年的心血。得知要写这本书后，他带领团队全程参与策划与研讨。感谢三生运营总裁孙鹏博和三生的高管团队。孙鹏博总裁是个博学的人，保持着旺盛的学习力，广泛的涉猎与通达的智慧、常年的实操，让他构建了厚重的社交商业底层逻辑。让人感动的是，对自己多年探索出来的经验，孙总在研讨时会和盘托出。他认为，独木难成林，个人经济体是一个时代的红利，既然要写书，就应该写一本具有普适性的书，不只是针对三生的伙伴，而是要帮助更多的人成就个人经济体梦想。有好几次在头脑风暴的时候，他累倒在椅子上，猛灌一瓶水后，捋捋头发又继续头脑风暴。也正是他将底层逻辑与实战经验相结合，进行了抽丝剥茧的解构，为本书的完成提供了极大的支持。三生的高管团队也是倾囊相授，真正做到了知无不言、言无不尽。谭龙和席连两位更是将自己纳入了本书创作者队伍，不但提供了翔实的材料，还参与了书稿每一章节内容的策划与编辑，兢兢业业的态度，赢得了其他创作伙伴的尊重。正是有了与这种实操经验的零距离接触，"普通人如何成为个人经济体"这个时代之问，才逐渐逼近真实。

感谢广东省交易控股集团有限公司党委委员、纪委书记李利君先生。他有深厚的哲学和人文功底，又有求真务实的精神，对个人经济体的宏观与微观都抱有极大的热情，尤其书中提出的"个体组织社会化生产活动"概念，被他称为"伟大的发现"。他是个人经济体理论探索路上最好的伴侣。他甚至推动了何亚斌教授与常修泽教授对个人经济体理论的研讨。常修泽教授，这位推动了中国产权制度改革的元老级人物，多次分析他在20年前提出的"无限制的新人"与"个人经济体"的关系，让个人经济体理论得到了极大的提高。

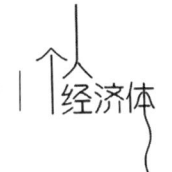

说到理论探索，自然要感谢南京大学社交商务研究中心的陈曦主任和董伊人教授。在他们的支持下，不仅在南京大学这所中国最具影响力的大学之一成立了个人经济体实验室，还举办了个人经济体学术论坛，遍邀国家市场监督管理总局、国务院发展研究中心等机构的领导和学者参与，让"个人经济体"正式进入学术话语体系，并引发了后续一系列研究，这些研究所取得的成果成了本书重要的内容来源。

感谢财经作家刘波涛、陈亮嘴等老友的支持。他们运用自身丰富的财经作家经验与企业咨询经验，对我们研究抖音、快手、微信、阿里巴巴、尚品宅配等平台的战略结构，提供了横向智慧。

感谢蒋李先生和林海研女士。他们是完成这本书的得力帮手。他们两位都是资深媒体人，巧合的是，一个来自《支点》（湖北日报社旗下财经媒体），一个来自《观点地产》（房地产业观察权威媒体），他们运用多年从事深度报道练就的洞察和分析能力，为本书的完成立下了汗马功劳。同时，还要感谢肖欣同学为本书内容创作做出的贡献。

一本书的出版，离不开出版社的支持。感谢广东经济出版社冯常虎总编辑的支持。作为南中国的经济出版社，冯常虎总编辑认为，广东经济出版社承担着经济领域改革开放探索的重任，而个人经济体是个体就业和创业领域的一种积极改革，非常值得研究。

广东经济出版社编辑刘亚平、曾常熠、李泽琳一如既往地提供了支持，无论是内容编辑还是推广，都特别用心用力地帮助和指导，在此一并表示感谢。

正是有这些来自理论、实践、报刊、出版等各方面朋友的支持和努力，我们耗时一年，通过理论与实证研究结合的方式，研讨出了"数字蜂巢个人经济体平台赋能模型"，率先提出了"打造可复制的个人经济体"的理念，通过平台赋能系统，让创业更简单，让普通人成为个人经济体。

对企业来说，这是一本"如何打造个人经济体创业赋能系统"的书，我们总结了众多卓越个人经济体平台的成功经验，并将其模型化、系统化，方便企业参照模型打造赋能系统，帮助越来越多的普通人成为个人经济体。

对个体创业者来说，这是一本"如何选择平台成为个人经济体"的指导书。我们向来不倡导一些培训机构吹嘘的"操起手机就能创业"，更不倡导个体通过摸索和盲目勤奋来获得成功。成功一定是有迹可循的，借助平台赋能系统，听话照做，是最好的方式。

对社会来说，更希望这是一本"希望之书"。每个时代，总会有许多个体迷茫、无助、无奈或有心无力。这本书让普通人看到成为个人经济体的路径，更看到高远的未来。

这，就是这本书的三层含义。

国家市场监督管理总局发展研究中心
个人经济体高质量发展课题组
&
南京大学社交商务研究中心个人经济体实验室
个人经济体经典案例系列丛书

《个人经济体：如何抓住时代红利，成就个人财富人生》

作者：王万军　罗　叔　彭甜甜

★ 人类已经进入"个人经济体"时代，新经济物种崛起，网红带货大V、知识付费大V、抖音快手达人、社交商业大咖等纷纷蜕变为"个人经济体"。本书解锁平台赋能下的时代红利与成功密码，揭秘新经济物种的成长路径、管理挑战与社会影响，为你描绘个人价值最大化与财富自由的新蓝图，引领你洞见新经济未来。

★ 关键词：流量带货　IP运营　社交商业　产业链式发展

《个人经济体崛起时代》

作者：黄金宝　王万军

★ 随着数字经济与协同共享社会的发展，社会资源配置越来越倾向于平台化。个体依赖平台资源自主地组织社会生产活动，使得个人可以成为"经济体"。这种巨大的转变，更大程度上基于平台搭建的赋能系统。本书利用南京大学社交商务研究中心个人经济体实验室"数字蜂巢个人经济体平台赋能模型"，深度解构抖音、小红书、快手、三生等知名企业的创业赋能系统，首次披露了超级个体爆红背后的秘密。

★ 关键词：个人经济体　数字蜂巢赋能模型　个体创业

《普通人也能成为个人经济体》

作者：王万军

★ 耳熟能详的当红个人经济体，无一不是具有卓越才能的人，或是遇到了一个卓越的机会。这是普通人不可企及的。但时代红利不应只是精英的专利，普通人也有成为个人经济体的权利。普通人如何成为个人经济体？答案就是不要自作聪明地苦苦摸索，而应该到有赋能系统的创业平台去创业，借助赋能系统听话照做，并开启自我复制模式。本书教你如何选择更好的创业平台，让创业更简单，让普通人也成为个人经济体。

★ 关键词：个人经济体　可复制性　创业赋能系统

《24位个人经济体经典案例》

作者：王万军

★ 个人经济体不只是网红。个人经济体崛起时代，越来越多的个人经济体早已存在于我们身边的各个领域，只是尚未被察觉。本书汇集24位来自不同领域的个人经济体的经典案例，展示了普通人如何通过智慧与努力，将自己转变为独立而强大的个人经济体，创造令人瞩目的社会价值和经济价值。本书旨在为读者提供可复制的成功模式，激励每一个梦想家将潜力转化为现实，开启自己的创业之旅。

★ 关键词：创业转型　数字赋能　新兴职场

《24家个人经济体创业平台经典案例》

作者：王万军

★ 数字经济时代，资源配置越来越从"封闭的单位"向"开放的平台"倾斜，这为个人经济体创造了创业的沃土。创业平台凭借各自的赋能系统，助力个体成为个人经济体。本书汇集24家各具特色的个人经济体创业平台的经典案例，通过解构它们各自的资源特色和赋能系统，展示其如何赋能个体使之成为个人经济体，为更多平台打造创业赋能系统提供积极参考。

★ 关键词：平台转型　平台赋能　个人经济体

国家市场监督管理总局发展研究中心个人经济体高质量发展课题组、南京大学社交商务研究中心个人经济体实验室征集"个人经济体经典学术案例"。征集邮箱：739926626@qq.com；微信：13609003808。